作　　　　者	楊文中
書　　　　名	重獲心生—中港車司機的換心日誌
出　　　　版	超媒體出版有限公司
地　　　　址	荃灣柴灣角街 34-36 號萬達來工業中心 21 樓 02 室
出版計劃查詢	（852）3596 4296
電　　　　郵	info@easy-publish.org
網　　　　址	http://www.easy-publish.org
香 港 總 經 銷	聯合新零售（香港）有限公司
出　版　日　期	2023 年 3 月
圖　書　分　類	勵志讀物
國　際　書　號	978-988-8806-53-9
定　　　　價	HK$98

Printed and Published in Hong Kong

作者簡介

　　楊文中，福建人，1947 年 11 月出生，經歷新中國時代變遷共成長。1978 年赴港定居，再次經歷香港工業轉型。命運之路不算平坦，然自幼生性樂觀堅強，冷峻的外表隱藏著一顆義氣的心，故朋友眾多不愁寂寞。現居於香港元朗，愛好美食美酒、象棋、麻將以及汽車。

內容簡介

　　70 年代的香港新移民，靠著吃苦耐勞努力拼搏的精神，逐漸迎來理想中的生活。

　　當無藥可治、只有換心才能續命的心臟病發作，不得不停下逐夢的腳步，幾經波折，一晃已是換心十五年。

　　生命的繼續坎坷又精彩，失去的永遠也回不來了，而收獲回來的，也是曾經的失去 ……

前言

　　本人職業中港貨車司機，因喝酒過量，體力透支過度，咎由自取，罹患心肌擴張型心臟病。由於香港政府公立醫院資源相對匱乏，在屢醫無效的情況下，決定前往廈門中山醫院心臟中心試試。一開始在心內科就醫，由專家王挹青主任及陳水龍醫生悉心治理，病情雖有好轉，但因為病例特殊，最終還是瀕臨死亡，唯一辦法就是換心方可續命。

　　2007 年 12 月 10 日，由中國"換心第一人"，著名心外科主任廖崇先教授親自上陣，心臟移植手術做得非常成功。出院那天，幾家廈門報紙爭相採訪。第二天，廈門日報圖文並茂報導：換心 21 天開車回家過新年，60 歲的老楊從香港慕名來廈求醫，術後恢復的速度讓醫生稱奇。還有《廈門商報》、《廈門晚報》等也輪番報導此事。在此，我感謝廖崇先教授及廈門中山醫院給予我延續人生，讓我有安享晚年的機會。

　　同時感謝香港葛量洪醫院心臟中心的範主任及黃醫生後續的精准治療，調配抗排斥藥及安裝起搏器，再一次劫后重生，使我安然度過了 15 個年頭。

　　2021 年年底，根據香港新冠防疫措施"回港易"的指引，在老家抽屜裏取出塵封已久的 2008 年簿記，那是在新心激情之下，從寫日記開始，進一步寫人生回顧的筆記本。我把它帶到香港，並學習電腦打字，重新整理一下內容，續寫新心路上的重新出發。並與親人在香港度過了一個快樂的聖誕節和溫馨的 2022 農曆壬寅虎年！

目錄

第**1**章
返廈治病

香港醫療先進，為什麼我要回廈門治療

2004 年夏末的一個上午，一部香港廈門兩地的豪華巴士永東車，正在快速公路上往東北方向前進。天氣非常炎熱，冷氣開放，座位上稀稀落落的坐著十四五個客人，顯然不是旺日子。

在車的後排位置，獨自坐著一對五十多歲的老年夫妻，兩人臉上沒有笑容。中午時分，車過海灣大橋，出收費站，例行把乘客載到汕頭國際大酒店用餐，雖然不是很豐盛，但感覺還是比高速路邊的餐廳高級一點。選擇在這里作為終點站的旅客，也就和我們說聲拜拜了。一點左右，車出市區再上高速公路繼續往廈門方向飛馳，座位上的客人更加稀落。那一對老夫妻依舊坐在後排位置，女的憂心忡忡地問："中，感到好些嗎？"男人從容回答："還可以，本以為捱不住，沒想到比昨天舒坦。"

看到這裏，大家已明白是我們夫妻倆正匆忙趕往廈門。為什麼選擇後排位置，這裏有點小知識，一是圖清靜，重要的是後排背靠較直立，接近九十度，我可以"正襟危坐"，減低心臟病人發喘的機會，只是苦了身邊人。

車程順利，五點多已安全回到廈門文灶銀龍廣場，140 多平方米，98 年購買，萬幸，有個居所。

我姐當時還健在，十分關切弟的病情。她是老廈門，這裏的人文地理比較熟悉，出謀獻策全靠她。第二天九點多，她帶我去中山醫院心臟中心 4/F 看專家，正好是陳炳煌醫生當值，這是一位名符其實的專家，享有國務院津貼，醫術肯定高明，不容置疑。

輪到我，他用聽診器聽聽我的胸及背部，然後

坐下來邊與我交談邊寫病歷。在交談之中，我從他那裏知道"心臟移植"這個詞，並瞭解這種手術的費用是我可以負擔得起的。我很興奮，因為有機會解除痛苦。與此同時，專家也洞悉了我的病情，並隱喻我要有這方面的心理準備。

陳醫生當機立斷，開了一張入院通知單，並叮囑再三要盡快入院。我們欣然接受，滿懷希望地步出專家門診。中山醫院能否幫我脫離苦海，我在香港歷經病魔發作而痛不欲生，返回廈門求醫能否順利延長生命？

欲知進展如何，請聽我來介紹。

心臟衰竭三期，度日如年

2004 年 5 月份，心臟病發，無奈結束中港車生涯，賣掉剛換了新屋仔的紅色軒勞 24T 貿港車，實屬可惜。深圳客商很照顧我，不拖賬一切順利。正應了一句：惻隱之心，人皆有之。感謝他們！

當時已住在剛買的新居，輕鐵站旁低密度小洋房。只有 4 層高，環境好，交通非常方便。

發病之時，香港二女映暉很緊張，電召了一部的士，趕到屯門醫院掛急診，此時我身體狀況已經非常差，呼吸短促，周身乏力，一段時間都在痛苦中度過。

經常聽人這樣說：我感到很痛苦，不如死了算了！大抵是指精神創傷，包括失戀，失去親人、事業、榮譽、金錢。

我不是這方面痛苦，是生理上的，更加直接。病發之時，身體扒在床沿上，左腳在床，右腳尖蹬地，雙手用力（沒什麼力了）抱住枕頭，找個最能忍下去的角度，本能地支撐著生命的延續，那種痛苦是極端的，殘酷的。

或許有人會說重複，極端就已包括了殘酷。是的，但只有我清楚，筆墨難以形容。我可怕的回想，如果當時床頭有一把左輪短槍（文功武衛時在千金廟玩過），我會毫不猶豫地用它結束這苟延殘喘之生命！

世上沒有如果。如果真的實現，那這個人也是自私的，試想一下，他的親人將如何面對？！

女兒焦急努力在前面與醫護人員溝通，以求老豆（老爸）能盡快介入治療。大約等了一個鐘頭，聽到叫我名字。醫生在電腦裏找到我的（98 第一次進醫院）病歷檔案，根據口述參考了血壓，心電圖等數據後診斷：心臟衰竭三期。

我被推進急救室注射強力利尿劑，以圖增加尿量排出多餘水分，減輕心臟負荷。這也許是最行之有效的，但對肝腎功能是不利的。

經過一系列排解，病情雖有所緩和，實際上卻隨時可奪去我的生命。

當天就安排住院，護士幫我把床頭一邊升高形成斜度，30 至 40 度之間，躺平絕對不行，會喘氣。掛上吊瓶點滴，一切就緒。我勸她們母女倆回家歇一下，她們一早跟著我辛苦了大半天，飯也顧不上吃，真累人！

晚上探病時間，女兒送來了裝在保溫瓶裏家鄉米粥和可口小菜，並買了我最喜歡吃的水果美國"布冧"，我稱它為綠色李子，口感一流，食慾不振的人士不妨試試。

住院十天左右，病情不見好轉。醫院資源有限，其他需住院的病員多，我被轉到元朗博愛醫院。這是個舊醫院，設備條件更差，更是度日如年。曾記得要求配輸氧氣，被一個年紀輕輕的醫生拒絕了，當時沒有跟他吵，怕傷了僅存少量元氣，明智也！

醫生給我加一個專案的藥——薄血丸，故名思義它的作用是降低血液濃度，防止血流緩慢及其它原因造成血液裏小斑塊堵塞微血管，後果將不堪設想！

一次體檢，查出患有心臟病卻無藥可治

早在 1997 年 10 月份，那時還在阿肥那裏做事。趁著車輛年度續期辦證，難得有 5 天空閑的時間，到屯門醫院去掛一個急診號檢查心臟。我對應診的那個肥仔醫生說：我心臟不順，人不舒服，昨天開車時心臟好像會停頓，很危險。醫生很重視，安排住院，然後做了一系列檢查。血壓正常，心電圖紊亂，X 光拍片顯示肺正常，但心影偏大，必須等明天再做進一步的檢查。

第二天早上留大小便樣本，同時例行抽血，這些都在早餐前搞掂，十點多護士指引我去做個 B 超。下午兩點多，肥仔醫生手裏夾著病歷表過來和我交談，問我什麼職業及生活習慣，我一一介紹。他對我平時經常喝酒特別關注，用英文在病歷表上快速記錄，對於香港專業人士，英文描述恐怕比中文更加順暢容易得多。

他仔細的看心電圖、B 超，最後得出結論：你的

心臟肥大佐，與你喝酒有直接關係。我不大服氣地說：不會吧，應該是先天性的。我為什麼這樣對醫生說呢，因為年輕時就感到心臟跳得不大正常，有時會稍微停頓，曾經在睡覺時有窒息的感覺。醒是醒了，但不能動，要幾經掙扎才緩解過來。這個過程非常可怕，也不知何解。

肥仔醫生細心聽我說完，加重語氣嚴厲訓斥我："是的，你心臟本就有毛病，酗酒加重了病情，心臟功能已開始衰退，你必須嚴格戒酒，按時服藥，延緩心臟功能衰退的速度！"並且說："你這種類型的心臟病是沒有藥物能根治的！"我心中自是沮喪不已。

當天下午就辦理出院。在醫院大堂會計部象徵式地繳了一百元，拿了一張大約是四個月後的復診預約紙及藥單，並在藥房輪候取藥。回到順風圍，老婆已做好了合口的飯菜。我在餐桌邊坐下來，這時醫囑依然在我耳邊響起，嗡嗡作响。人生有時侯也太沒趣了，但我已暗下了戒酒的決心。打開冰箱，數一數啤酒，正好還有 5 支大的荷蘭喜力，我為自己擬好了祝酒辭：親愛的喜力，今天晚上，不管是我喝了您，還是您以前坑了我，我們的友好關係就要結束。並不是我想拋棄您，而是您的剋星肥仔醫生要拆散我倆，就要說再見了，請珍惜此刻的良辰美景！辭畢，我連盡那 5 支喜力，大口灌下冰凍啤酒有透心涼的感覺，很是愜意，愜意之中卻有絲絲的惆悵！

第二天開始，我嚴規律己，按時吃藥，酒絕對是沾不上邊了，我是個"理智"的人，我相信肥仔醫生的話。相安無事的過了將近五年的好光景，這個階段也就是我追求並且實現了自由職業的理想階段。

戒了啤酒，卻信了紅酒養生

直至 2003 年，紅酒大行其道。酒商想從酒徒身上分得一杯羹，在電視、報刊雜誌大力宣傳，廣而告之：紅酒對人的身體健康很有幫助，特別是對心血管疾病的人。的確，喝紅酒是有益身心健康的，這個觀點毋庸置疑，問題是你能否自我權量。

現代婚姻有"七年之癢"之說，我戒了五年多的酒，同樣在適合的土壤、氣氛、加上朋友弟兄澆上水分，這顆酒癮的種子開始萌芽。從養生之道的每天喝一杯（100ml 左右），慢慢喝到半瓶，後來"壯大"到一瓶，甚至兩瓶也不在話下。

為什麼會"迅速發展"呢？我闡述一下這方面的觀點：在沒有喝酒的歲月，生活中總覺得欠缺點什麼。人生是有追求的，在追求了那自圓其說的一杯養生紅酒後，又開始追求更高境界，酒喝得少是進不了那境界的，喝七八分是最佳境界：神經線鬆馳，人感到輕鬆快意飄飄然，疑幻似真，快成仙了！

當然，這只是形容，世上是沒有神仙的，但人們卻給唐代大詩人李白冠上詩仙雅號。我想，是因為李白很喜歡喝酒又能把這種意境淋漓盡致用詩文表達出來。一千多年來談到詩，就提起李白，這是永恆的成功，金錢的成功是沒有永恆的。

就這樣不自量力喝著喝著，神仙沒有做成，卻惹來鬼魅青睞。

一個班長級別的鬼頭目對我這樣道：老楊，根據資料顯示，福祿壽您是沒能達標，但酒色賭您卻優秀，今天來找您的目的是想聘請您去我們那裏的夢幻山當指導員，因為我們在做人世時感到有很多遺憾，在這三方面有欠缺，實感不幸。

　　這班小鬼紛紛附和嚷道：小楊，歡迎您到講臺授課，我們會"將勤補拙"，用功操練。我心中甚是納悶，怎麼班長稱我老楊，而這班小鬼卻稱我小楊呢？

　　朦朧中定睛一看：這個頭目生得高大，五十多歲，年輕，符合領班的年齡要求，再掃視一下他身後這班耷拉著腦袋的眾小鬼，年齡都在六十歲以上，叫我小楊沒有錯。

　　對著他們殷切的目光，我邊打圓場，且戰且退應付，對他們笑著說：當你們的指導員我肯定不夠資格，因為本人沒入黨，請不要破例，充其量只能當教練，但我現在車務纏身，已先取了客商的鏢銀，等我趕完了這幾趟鏢車，你們再來約我吧，請不要讓師父失信於人間。

　　這種緩兵之計還是有效的，眾鬼聽我說得在理，也就作罷。只是放下話來：如果真的沒找到其他的合適人選，我們會再來找您。我斷然回答，若辦完了人世間的所謂幾件大事，你們若看得起我，再來請我，楊某將義不容辭蹬鞍快馬摧鞭上任。眾鬼聽完相視大笑，誇我：好樣的，拿得起，放得下，慢慢也就消失了。

　　在鬼域裏與眾鬼周旋的片刻，我在人間卻經過了四年多（至換心前）半鬼不人的痛苦經歷，其中的辛酸不足為外人道也！

醫治無效，廈門救得了我嗎

　　配薄血丸份量這種工作過程很麻煩，要求恰到好處，份量不多不少。每天早上在早餐前完成抽血，以求准度，除此之外，醫生也束手無策。

　　這樣，我又被轉移到田家炳護理院。這裏大概是博愛醫院的附屬住院部，地點在醫院前大馬路斜對面山下的小村，比較寂靜，辟為護理院恰到好處。田家炳先生是一位大慈善家，對教育及醫療事業貢獻很大！

　　住進這裏，我被安排在一個單間，還算好，有獨立的洗手間及電視。隔鄰的大病房井然有序佈置著十幾張病床，上面躺著老人，有的閉目養神，有的看報紙或看電視，有的老人手上還插著針，正在吊瓶輸液。

　　香港醫院的護士我們都統稱"姑娘"，成熟、大方、細心、更是負責任兼有愛心，她們整天忙碌著。除了把病房打理得整潔有序，還得照顧好病人，打針、抽血、量血壓、測體溫都駕輕就熟，有時還幫行動不方便的病人洗臉，擦身，甚至推到浴室幫他沖涼。

　　我斜躺在病床上，親眼目睹她們如此敬業樂業，很是感動，敬意油然而生。同時也有感觸：生老病死是人生路上的正常階段，大多數人都必需經歷。

　　生與死是路的始終，是絕對的。老與病這個過程就不絕對，有的不經過老就死，實屬不幸。有人壽終正寢，沒有經過病的折磨，福星是也。橫死，罹難，夭折等死亡均屬意外，但痛苦卻是銘刻在他們親人心中。

　　醫生根據驗血報告酌量配薄血丸。大約一個星期左右，我的血濃度基本上達到標準線，但病情並不會因此而得到緩解。

　　我照樣吃不下飯，睡不好覺，更不能平臥。一旦躺平身體，胸部就悶，就堵起來，很可怕，人也日漸黃花瘦。套用現代語：體重下降，減肥成功。但這種減肥方式，任何人都不想發生在自己身上。

　　雖然已落到如此地步，姑娘進來送藥送飯時還詼諧的稱我"靚仔"，這是相對而言之。在這十多二十個左右的病員中，我是最年輕的，更何況行動還方便，有時會下樓到山邊小路散步，舒展一下筋骨，但事先得知會姑娘。

　　由於人數並不多，三餐的飯菜水果都是從博愛醫院用特製密封車送到樓下，再由專職人員用小餐車乘電梯推到二樓住院部，當值護士按餐盒名字分配。

　　廚房根據各人病況不同調配需要的營養，餐是不同的，淡而無味卻是相同的。

　　二女映暉在深水埗放工後天天陪她老媽子在醫院規定的探病時間來看我，帶來家中飯菜及水果，報紙要雙份好打發時間。兒子映亮離得遠，來了兩次，對我的病情並不會有女兒的徹心之痛。

　　醫治無效，與妻女交談，決定到廈門試試。鷺島能否成為我的福地，我的命運將是如何，各位看官朋友，請聽我的趕應潮流，回歸祖國。

廈門中山醫院心臟中心

中山醫院是廈門大學附屬醫院，規模並不大，但作為它的品牌——心臟中心卻聞名遐邇。心臟中心坐落在醫院西南位置，前面是車水馬龍的湖濱南路，噪音過大美中不足。建築物左上方寫著"振河樓"三個金色大字，遙對著右邊"心臟中心"四字，可推斷：這座樓是熱心人士振河先生捐建，功德無量也。

樓房大約十三四層，醫療用途樓層較高，整座樓高度相當於民居樓二十層左右。天臺設為停機坪，救援直升飛機運輸危急病人及緊急醫需可停靠，體現出時間就是生命的精神和科技進步。

印象中一樓底下設有地下室，大概是用來設備電力供應及通風系統，這是馬虎不得的。地面右後邊是"急救中心"，救護車可直達。前面是門診掛號收費，中間是藥房，左邊是抽血站，簡單科目可在這裏檢測完成，前排門診室有普通醫生當值。

3/F 是心外科手術室及病人監護室（ICU），主任辦公室也設在此，稱戰地指揮部亦是恰當。4/F 設有心內科心外科專家門診，星期一至六由主任醫生輪流坐鎮周而復始。

右邊後面是心內科微創手術室，2005 年命名為"加裏·羅賓"心臟及血管介入手術室，與國際先進醫科接軌。心臟彩超在隔鄰左邊房間。

5/F 是心內科住院部。兩條東西走向寬廊道把它隔成三部分，前部分右前邊有兩三間醫生辦公室，方便病人及家屬諮詢。中間部分是美女如雲的護士站。護士站的右側是會議室，有時醫務人員召集病人及家屬在這裏開會交流。

牆上掛滿錦旗金匾："杏林高手"，"妙手回春"等等恭詞肯定了這裏醫術實至名歸。會議室右邊隔著一條橫廊，設有公共洗手間及開水站。

除以上重要部分，其餘辟為病房。病房分成三大部分，護士站左側邊病房較大，可放五張病床。前部分靠近湖濱南路，每間放三張病床。後排病房相對優越，可憑窗觀望有白鷺飛過的筊笒湖，只設兩張床，顯得清靜理想。但理想不是人人都可以實現的，需要運氣及某種成分。

6/F 佈局大抵與 5/F 相同，但它是心外科住院部，讚譽綢緞錦旗金字紅匾掛在外邊走廊牆上。這大概是內外之別，一個含蓄，一個張揚。"華佗轉世"，"恩同在造"等文字已難表達敬意，天降大任於斯，而斯就在這裏擎天。寫到這裏，我也想送一塊匾："崇高先進聞名中外"。

幾部醫療用途電梯分別安裝在心臟中心左中右三個地方，容量特別大而寬敞，方便護工把病床和病人推到目的樓層。2/F 以及 7/F 以上至天臺的樓層我不曾使用及參觀，無從介紹。

介紹一下大概，希望大家可以對心臟中心的地理位置，規模輪廓以及內部的佈局設計，有個概念。對進一步瞭解心內科、心外科治療過程有所幫助。

死神慢慢離去，在這裏找回安全感

那天應該是星期六。中午時分，我姐拿了住院介紹，謝了陳專家，我們跟在她後面，從 4/F 登上 5/F，去心內科住院部。步入住院部，通過寬闊的前廊，來到中間位置的護士站，出示了入院紙，說明來意，並要求住王挹青主任所屬的病房。護士查看一下，病房滿員，其他主任醫生尚有少量病床可以安排。我姐堅持初衷，護士拗不過，就在王主任所屬的病房門口加一張床。從那時候開始，我成為中山醫院心臟中心不棄不離的"忠實嘉賓"。

住院部大概有四五組的醫生搭檔，為首是主任，副手是主治醫生，還有其他醫生協助。高學歷的主任醫生，各有擅長，可以處理各類型的心臟病。而主治醫生，也不是等閒之輩，若在普通醫院，亦可獨當一面，而在這裏只能屈居副手。

我的主任醫生王挹青，女性，博士學歷，同時兼行政工作，擔任副院長。在她身上可體現那種巾幗猶勝鬚眉的自信、活力及智慧。博士研究生，碩士生導師的這一過程加上豐富的臨床經驗，對心內科卓有貢獻。她擅長冠心病、高血壓、心肌病、心力衰竭等等病症的治療，在對症下藥方面確有很高的造詣。主治醫生陳水龍，醫科碩士學位，外表斯文儒雅，帶點書生氣，一經磨練，前途無可限量。特別對藥理藥性很有心得，不圖近功，只求遠益，在這方面，很有遠見。

換上了潔淨白色的病人套裝，躺在下面有四個輪子的不銹鋼做成的高級病床上。護士根據主治醫生的指示，開始為我做緩解病情的治療。跟香港差不多，採取強制利尿的措施，減輕心臟負荷，同時予強心、抗凝、糾正心律等藥品輔助治療。頭幾天依然感到很痛苦，但感覺卻發生了變化。在香港那段住院期間，死亡隨時威脅著我，而這時感覺到死神慢慢離去。也就是說,中山醫院給了我安全感。

病情改善,卻仍舊坐臥難安

醫生根據需要,安排我做一系列的測試檢查;X光拍胸片,顯示心影增大,肺部正常。24 小時動態心電圖:心律紊亂,偶發早搏。腹部 B 超結果:肝臟及腎臟功能受損,這是心臟供血不足導致。以上三樣的檢查都設在心臟中心後側的科技樓。另一個檢查是彩超,只需下層樓即可。檢查結果是左心室顯著增大,收縮功能明顯減弱,符合心肌擴張型心臟病特徵。除了上述這些重要的檢查外,抽血、大小便化驗也頻繁進行,醫生根據數據變化,增減藥物的種類及用量。

大概在加床住了三個晚上,後面的病房有人出院,我理所當然的過去接任,同是病心人,我們握手,不說再見。沒過幾天,另一個病友也康復出院,醫生可能考慮到我的病例特殊,病情嚴重,需要靜養及治療一段長時間,所以非萬不得已不會安排普通的病人進來。十多天來,在兩位高手準確、精心治理下,我的病情明顯得到改善,死神越離越遠。我要感謝王主任與陳醫生的醫治及護士的悉心看護。但是嚴重的病情,使得食欲不振、睡眠不好成了生活的主題,我在痛苦中煎熬。

我的三餐必定是麗彬在銀龍廣場做好,飯菜裝在保溫盒,湯裝在保溫瓶,有時候打的,有時候步行送過來中山醫院病房。胃口太差,對著我指定的家鄉飯菜,提不起興趣,但不吃點,就難以生存。日本料理的魚生成了我的"秘密武器",在最最吃不下的時候，我會打電話叫"日本桃太郎"送餐過來。打開食品盒，食品絕對不油膩，冰涼的生魚片、壽司、甜脆的青瓜、醒神的檸檬、特別是那刺鼻的芥末帶領眾軍順利沖過食欲禁區，化作甘露滋潤並延續了這一孱弱的生命。但我想，殺手鐧要有效果是不能經常使用，同時也怕醫生知道了會批評我。

親人是心疼的，特別是三餐照顧我的老婆。我姐隔三差五帶來一些拿手的廈門小吃慰問我，住廈門的女兒也會帶來所需日用品，並關心我的健康。我很榮幸，有親人在身邊支持我，感謝她們。

治療期間四幫人之醫療幫

在第一次入院治療期間，除了親人，另外介紹和我有過交往的四幫人，不是"四人幫"，別誤會。第一幫是醫療幫。有一天中午時分，我正斜靠在床上看報紙，進來一個白衣人，中等身材，目光炯炯有神，皮膚極好，像是做學問的。我暗忖：乃非等閒之輩也！他徑直坐在我的病床邊，用手測探我的腳底溫度，繼而測試手腕的脈搏，然後與我交談，我的病情他已通過心內科的互動，十分瞭解。交談之中他大意是說：為了生活品質的提高，你必須心臟移植。他的自信、風趣的談吐，對我有鼓勵作用，跟他交談是樂事。過兩三天，心外科主任單醫生也來探視我，履行天責。同時也從他那裏知道那個不凡人就是著名的心外科專家廖崇先教授——"中國換心第一人"。

治療期間四幫人之學習幫

第二幫是學習幫。廈門大學醫科的學生,經常會名正言順的來到他們學校的附屬醫院實習。

別的課程我不清楚,但如果是上"心肌擴張型心臟病"這一課,我的病房就是教室,我的典型病例成為這些年輕人必讀的"名著"。他們用先進的儀器解讀這本經典的"教科書",聆聽震區的災情,為了準確,還在上面畫線。

我暗忖:這班學生也太頑皮了,竟然在我的身上畫線。騷擾了一陣子,導師說聲下課,對我說謝謝,學生們走出"教室"。我自個兒察看一下瘦骨嶙峋的胸脯,發現並沒有線在上面,剛才是學生用嘴巴話出虛擬的輔助線。既然如此"清白",我甚至希望下一批的男女學生能再次光臨,感染一下青春的氣息。

治療期間四幫人之病友幫

第三幫是病友幫。有一天我做完檢查回來,看到對面的空床已配備完善,預備住人的樣子。

過一會兒,一個老者推門進來,精神得很,後面跟着一個年輕人,提著簡單的日用品。我和他們打過招呼,就斜靠在病床上閉目養神,從他們文縐縐的談話中確認他們倆是師生關係。

過了兩天,確診為冠心病的老者,從病房推到4/F 的微創手術室,做了兩個支架。他豁達樂觀,很快康復出院。

這裏講一個與他為鄰的小趣事。有一次他用錯了我的水果,第二天他的學生買了一個代表早日康復的花籃送給我，真是雅意之至。想知道這老者是誰嗎，他叫林鵬，是廈門大學研究學術的國家院士，鑽研紅樹林的權威，發表的論文與外國學者爭雄，填補這方面的空白，對國家貢獻很大。與廖教授一樣是龍巖人，他的名字叫林鵬，很適當，細研紅樹林的鵬鳥。然而，兩年後，這隻大鵬飛走了，永遠的飛走了，他不是死在心臟病，而是死在廈門大學附近演武大橋的一起車禍，人生真是好唏噓！

過不了幾天，另一個病友住進來，姓黃，廈門本地人，文革前的大學生，真材實料。曾經在龍巖地質勘探隊工作，後來調回本地廈門，中山醫院心臟中心地基由他勝任。也在此時，王醫生在工作中認識了他，後來心臟有事，來看門診，王主任強迫性的讓他住院檢查，也確診為冠心病。與他為鄰，我們有相同的話題——生活在龍巖。根據他的講述，龍巖的許多山溝密林都留下他們的腳跡，飛禽走獸成了他們的"饕餮大餐"，許多山珍野味他們都吃過，口福非淺也！黃先生是真正的廈門通，習慣講古叨叨不絕，給我的印象勤儉顧家，這是老知識份子的通性。後來只需通過藥物治療就順利出院。

治療期間四幫人之友情幫

第四幫是友情幫。住院期間，大概是國慶日過後幾天，天氣已不炎熱。上午十點多，楊詩文，陳友懷，謝友山，謝友杯四個朋友來中山醫院探望我，帶來了友誼及關愛。

我的病情已有起色，與他們談笑風生，熱鬧了一陣，大女婿帶領他們先走，準備去筼筜湖對面的寶龍酒店進餐。我不能明目張膽的跟著，過了幾分鐘，一切趨於平靜，才換上便裝，從熟悉的後門走進中間的電梯到達樓下，沿著湖濱中路走到寶龍酒店二樓某包廂。

這五星級酒店雖然規模不大，卻別致典雅，環境優美。推窗眺望，湖光山色，盡收眼底，不時有白鷺飛過湖面，成為這酒店的亮點。有酒助興，氣氛顯得格外輕鬆，客人的酒量讓大女婿這個年輕人很佩服，過後還會津津樂道地提起這些客人喝白酒像喝白開水的豪情。老朋友下午就坐小包車走了，他們的盛情，使我感到欣喜，也得到安慰。我憧憬着遙遠的那一天，能回到朋友間把酒言歡。這是渴望，也是美好的追求。

冠脈造影檢查心臟病

這裏摘一則在 4/F 牆上的名詞冠心病解釋：冠心病是由於膽固醇等脂肪類物質堆積引起的，當它們在血管裏堆積，會使血管內壁變厚，導致血管變窄，血流減慢，這些脂肪堆積物有時被稱為斑塊或病變。在心臟表面覆蓋著兩條主要的冠狀動脈和一個血管網，承擔心臟肌肉的血液供應。如果這些冠狀動脈有一部分被脂肪堆積物阻塞，心臟就無法得到足夠好的富含氧氣的血，一旦您進行激烈的運動或精神緊張時會需要更多的氧氣和營養，而心臟就無法供應了，此時您可能會感覺心絞痛或心胸部疼痛，如果不進行治療，就會引發心肌梗塞或心力衰竭。以上的文字宣傳很有意義，它警示人們：注意飲食，多做運動，減少患冠心病的機率。然而，現代醫學昌明，冠心病已不怎麼可怕，可以像林鵬的冠心病介入治療，支架植入或者黃滕聰的按時服藥來進行有效治療，同時禁煙戒酒，效果是樂觀的。

　　綜合以上原因，為了明確我的嚴重病情是否有冠心病推波助瀾，王挹青主任和陳水龍醫生決定讓我做一個冠狀動脈造影檢查。雖然是個小手術，甚至可以不叫手術，可稱為微創介入檢查。但事前準備工作同樣缺一不可：立下"軍令狀"，這包括知情書、同意書，醫生要病人及其家屬在上面簽字。顯而易見，這是顧及單方面利益，萬一出現醫療事故，這張紙片就可能出現在法庭上，個人的力量在機構單位約定成俗的條款面前是難以抗衡的。

　　做冠狀動脈造影的前一天晚上，根據護士口頭指令，必須洗澡、剃毛，然後換上乾淨的病服，足夠的休息。像一個養精蓄銳，整裝待發的軍人，隨時準備奔赴戰場。早上 8 點多，一個有經驗的護工把我推到心血管的介入手術室。踏上窄窄的手術臺，根據指示靜靜躺在上面。工作人員幫我連接好了心電圖、血壓計等裝置，拉開衣褲，手術正式開始：醫生在我的右腹股溝位置打一針麻藥，是有點疼，過一會兒，我感到有人在那裏動刀子，不怎麼疼，但感到不自然。這時似乎有血流出來，感覺有人在那裏擦個幹淨，接著有什麼東西從那裏塞進去，順著大動脈，慢慢往心臟方向挺進，過程似日本偷襲珍珠港。兵貴神速，快而準確的把這一裝有儀器的導管送到冠狀動脈，這一"奔襲"最考醫生造詣。到達陣地，先放照明彈——注射顯影劑，發現了目標再偵探拍照。這次偷襲沒有放炸彈，是另類的偷襲。功成身退,從哪裏來就從哪裏回去。醫生細心抽出導管,在我身體內順利完成了"壯舉"。

上床容易下床難,四個醫護人員用床布合力的把我挪到原來的病床,推到隔鄰的心內科監護室。右側大腿是一定不能隨便動的,傷口用質量很高的鐵沙包壓住,防止滲血。點滴繼續進行,並需要喝大量的茶水之類,以促成足夠的尿液,可以把殘存在體內的顯影劑,這一有害腎功能的物質一起排出體外。因為要靜躺六個小時才能起身,躺平在床上小便最考驗病人功力,兩三天前要加以練習。

這次進手術室,猶如十八姑娘坐轎——頭一回。膽怯怯、羞答答,同樣是有點疼、有點血,更同樣的是希望快點完成,但又期盼他(丈夫或醫生)更加細心溫柔的對待。雖然也只是人生路上的千裏咫尺,但在某種特定約束下都必須走過,分別之不同:前者是喜,後者為悲!

經過造影,知道我的冠狀動脈沒有問題。這歸功於中年後的飲食習慣,雖然是一介武夫,但也知道一些小常識,又能管住自己的嘴。香港的扣肉、家鄉的封肉要少吃。吃雞肉少吃雞皮等吃法都對心血管有利。很奇怪,這些要少吃或不吃的,又都是價廉物美的"好食",我們只能看它一眼,咽一下口水,克制住自己。

造影過後,醫生再對我的病情觀察了十天左右,也就是十月底,批准了我們的要求,可以辦理出院。

陳水龍醫生曾經對我姐稱讚:你弟弟的承受力太強了。是的,可以出院了,但我還能承受多久,心中沒有底!

實現夙願

　　2005年春節前後的半年時間裏，回到銀龍過家居生活，感到枯燥乏味，非常不習慣，等死的感覺比常人更甚。病迫我於無奈，本可以駕駛中港車穿梭在珠江三角洲及香港之間，積極的進取過程可以使自己自信快樂。現在不行了，我只是經常到外面洗頭、洗腳、按摩或喝茶吃飯這些小項目來打發這無聊的日子。

　　清明節前二十幾天的一個上午，我姐特地來福運閣看我。她住銀龍廣場一期，我住二期，同屬於福信集團轄之，同一個大門出入，離得很近。

　　我姐這次主要是商談重新修建亡母之墓，姐弟很快取得共識，決定在清明節前十天開始進行。

　　回想那個時段，我有病在身，反而要大我九歲的姐經常過來探視我。她燒的一手好飯菜，非常合我的胃口。我經常去她那裏吃炒米粉、蒸魚、蛤蜊湯、煎蠔仔等拿手菜。

　　曾經帶我上金榜公園，指著石室介紹唐代名士隱居於此及"金榜"由來之典故，講得饒有風趣。大抵是名士陳黯也是南安人之故吧。陳黯十八次考進士至花甲之年仍然名落孫山，自嘲為"場老"。晚年在石室教書育人，傳播文化。可以看出，科考進士，金榜題名，這是陳黯心中的夙願，畢一生精力要去實現，但沒有成功。他的夙願，我把它稱為志向型的夙願，這比較難實現。

　　我姐及我的夙願，我把它稱為經濟型的，很容易實現。我姐出資三千，我妹出兩千，其餘的我來承擔。有錢就好辦事，當然也離不開堂親及朋友的支持幫助。

通過楊詩文的介紹，認識了東門村的謝友奇師傅。友奇師在建築及風水學方面頗有研究，對建材也熟悉，親自到石材加工場訂了一套完整的墓石配件，包括刻有我母親簡單墓銘的墓碑、墓石案、左右墓手、還有左邊重要的後土，全一色青石雕成。

清明節前幾天，由友奇師擇日破土動工，淵哥帶領堂親侄輩們，辛勤勞動在山野密林之間。汗水交織著春天的雨水，但這些年輕人卻不退縮，表現得熱情樂觀。我深深感染到年輕的可貴，並在心裏感謝他們！由於春雨不定，工程進度抓得很快，只用三天時間，一座規模不是很大，但小巧別致、清秀工整的墓園就順利竣工。謝師宴上，幾個有酒量的堂侄爭相圍著友奇師敬酒，喝酒，沉寂了十多年的杏隆居又熱鬧起來了。

閩南老家盡孝心

同是這一天的中午，我姐特地從廈門帶一些水果餅糖到老母林（又稱劉府林）的母親墓地拜祭。她顯得非常高興，因為她實現了一個孝女的夙願──亡母墓地重建。那時我的身體狀態還可以，在下山的路上，我們走在人群後面，她似乎有心事，

對我說：“中，姐今年上老母林，很高興，明年就交給你了，我可能就不上來了。”言者有心，聽者無意，或者我姐隱瞞著什麼，我這個為弟的沒能覺察出來。哪知竟然一語成讖，同年夏末病故。在這之前的兩三月期間還自強不息，幾次到外省考察，冀能籌辦一個實業公司交給兒子，但因病而齎志以歿。應了曹操名言：長箸屈於短日，嗚呼哉！

　　人生的精力、能力、時間、生活空間及壽命是有限的，心中有什麼夙願或有什麼事情要做的，必須當機立斷，盡早完成，以減少遺憾。我明白了這一點，同年的國慶期間，我決定利用這個眾侄兒、侄女，外甥、外甥女，還有子、媳，女、女婿有長假的機會，為我母親做“超度”，家鄉人叫作做“功德”，寄託對先人的哀思，紀念她的勞苦功高，傳承她知書達理的高尚品德。超度的具體事宜交由淵哥、禮哥、海侄操勞，辦得井然有序，堂親們很支持配合。擇日的時間一到，四支人馬包括廈門我姐及我的，三明我哥的，龍巖我妹的，香港我的家庭成員，相聚在後坑杏芳厝杏隆居，跪拜先人，不用流淚，只須孝心銘刻心中，就已經足夠。

賦詩一首表哀思，憶母祭母

偷賭三公天已亮，甩掉淺拖正想眠。
忽見案頭一張紙，情知不妙已通天。
知書識禮是我娘，敗兒劣行不張揚。
字裏行間淚未幹，母示訓斥用文言。
東窗視來西窗出，頑劣無知走偏路。
倘若歸我年少時，定將實力創財富。

清明時雨不放晴，為人子孫孝先行。
老母林山跪母墓，雨水汗水淚充盈。
勇倖除草圖工整，我來丹銘見認真。
妻斟三杯茶當酒，妹獻冥錢手也忙。
杏隆居廎擺敬席，雞鴨豬羊魚齊備。
再敬三杯醇美酒，點香燒紙望娘喜。
雖然供品食多樣，慈母不克子孫糧。
美酒佳餚誰下口，我表心意盼明年。

　　同年冬季，香港二女楊映暉和正在拍拖的男朋友梁家駿請我們兩老遊日本，在北海道吃大餐。由於他們是素食者，而麗彬不吃這不大熟的食物，我自個兒品嘗了高等的一客牛肉及一客鐵板燒大鮮鮑魚，這兩樣式每客都超一千元港幣，大飽口福。旅遊觀光，美食美景成了現代的人生享受之一。以前也遊過韓國，除了滑雪，泡菜可口，其他的沒什麼獨特之處，感覺日本仔是超越了太多。

　　因病而退休的這一個頭一年，收穫還是蠻大，我認為自己做了兩件盡孝道的大事，同時也享受子女關愛的天倫之樂。然而，有得就有失，我失去了大姐，這個栽培過我疼愛過我的親大姐，好大姐。志鵬（我姐名）飛走了，再也見不著了，無比的心中之痛，黯然淚下，我不敢觸及傷痛的深處！

第2章

青春歲月

僑鄉抗戰勝利仔女誕生

1947年農曆丁亥年十一月廿九日，我出生在福建南安金淘後坑這個著名僑鄉，菲律賓是最主要的謀生之地，印尼、新加坡次之。

1945年，日本宣佈投降，抗戰勝利。旅菲華僑在1946年喜氣洋洋陸續回到闊別了八年的桑梓後坑探親，享受天倫之樂，並延續香火，最為重要。在這種背景下，1947年出生的"抗戰仔女"，後坑大概有六七個之多，這些是"萬水千山總是情"的結晶品，名符其實的寶貝。

1954年初秋，這些寶貝全都上道南小學一年級(38屆)，也就是"破學開蒙"，啟發智商。當時一年級分成兩班，後坑甲班，蓮峰乙班。每班大概有三十多個同學，我的學業成績最為驕人，全年段第一名。班主任崇柱老師吩咐我上禮堂講臺上向鼎志校長領獎狀時一定要點頭行禮的情形歷歷在目。

除了天賦，都必須歸功於我母親的嚴厲，她本身上過私塾，是當時為數不多的識字婦女。我在家排行老三，上有姐姐大我九歲，哥哥大我三歲，下有一個妹妹小我三歲。後來，在菲律賓又陸續增添了同父異母的三個弟弟及三個妹妹，但還不會撼動我童年時代的幸福。

在半單親家庭的背景下，隨著年齡增大，我的性格變得很頑劣，經常被老師投訴。有時甚至被老師從教室提出來送到家裏見家長，免不了受皮肉之苦。母親雖然最疼愛我，但恨鐵不成鋼的緣故，會氣得把我拖進房間裏，用掃帚枝打(很疼，但不傷身)。孀姆大小都不可以勸的。之後，我母親偷偷流淚，血肉相連，兒子疼在皮上，母親疼在心上。那個時代的教育方式大多如此。

1960 年小學畢業，就讀僑光中學 23 組六班，要寄宿，不通學，無人管得著，這就更加肆無忌憚，頑劣無知。最終落得六科不及格——留退的結局。

從小學一年級玩到初一的同班玩伴楊友郎也遭留級，但他可以繼續在僑光中學讀初一，我卻沒書讀了。呆在家中，無所謂的樣子，母親對我的行為很生氣，暗自流淚。

雖然靠我父親的經濟來源已每況日下，好在我姐當時已大學畢業，分配在三明化工廠基建辦公室當科室人員。趕忙與三明三中聯繫，用轉學的方式就讀三中一年級，並且把戶口遷到三明化工廠。

1961 至 62 年，國家困難時期，姐疼愛我，把她的餅票與錢給我買來吃。實際上中學生的定量國家是很重視的，也有一份餅票。但我不懂感恩，只貪玩，不念書。就這樣，在三明混了將近一年，需要補考合格才能升班。在沒有十分把握的情況下，我姐含著淚把我又帶到僑光中學，求助教導主任黃老師。見了面之後，老師感到很驚訝，非常感歎：姐姐那麼優秀勤奮，品學兼優，怎麼會有這樣一個頑劣無知的弟弟呢？這是沒有答案的，只能苦笑！

快樂中學結交好朋友

就這樣，我成了初一年的"三朝元老"。對學業不重視，只求升級，不求優異，很多時間都用來偷閱"黃色小說"的課外書。包括：四大名著、儒林外史、鏡花緣、金瓶梅、隋唐演義、七俠五義等等，雖是一知半解，卻"埋頭苦讀"，樂在其中。同窗同學相對較多，認識了一個同學林恩忠，總體成績一般，但語文偏好，體育優秀，音樂失敗。

他的性格張揚。這大抵是有一個有錢的祖母來庚嬸(蓮峰美園角落很受尊敬的老人，風趣又有善心)罩著，寵著。紈絝子弟，當之無愧。他經常會創作詩及散文去投稿，屢有斬獲，得意之餘總會拿來與我分享，我們成了好朋友。

就這樣勉強完成了初中學業，我考進豐州華僑中學。這大概是得益於同鄉漢叔從中幫助。

在華僑中學平靜度過一段美好時光，參加乒乓球新生比賽獲得第四名，也到大操場上體育課，踢過班對班的足球比賽。大操場兩邊設有足球門，並劃有標準的四百米跑道，僑光中學是沒有上足球課的。

十月一日國慶日放假，詩淘碼的同學們迫不急待連夜結伴走路回家，大部分是詩山華美籍的同學。華美的位置在詩山高萊格山巔之上，華僑眾多，風景秀麗，別具一格。西北可遙望安溪縣，這些同學，步行比我們要多走十多公里，但在思家情切的驅動下，雖辛苦，也順利欣喜地到家。

不久，我認識了南廳人尤同學，有一部舊的進口"禮裏"車，逢星期六就騎車結伴經"八尺嶺"回家。在家吃頓合口味的母親特地張羅的飯菜，並帶一些鹹菜之類的，補充不足的菜金。星期天騎著車翻過保福嶺到南廳與尤同學會合，通過金雞橋回到學校。

尤同學的家庭背景大致與林恩忠同學一樣，同樣有一個有錢又寵愛他的祖母，同樣的是祖母的金錢來源都來自海外有孝心的女兒。我的師生情誼不大好，但同學情緣卻是不錯，同學的友誼非常純粹，我並不需要巴結他們。

寒假，他把車讓我騎回去後坑過年。春節過後，我便騎著"禮裏車"到南廳與尤同學一起，到學校報名上課，相安無事。在課室接收營養，聽老師把教科書裏的知識傳授給我們。有時越過用石礱條石建成的圍牆，到校園後面的九日山（旭山）下的相思樹下溫書。這裏面對晉江，環境優美，石筍林立，相思樹遮陽，花草爭豔，是個談情說愛的拍拖聖地。

晉江下游的金雞水閘在此年間興建。夜晚，工地上燈火輝煌，馬達聲轟隆，人來人往，好不熱鬧。有時同學們會結伴前往參觀，最吸引的是眾多的車仔美食，但"行囊羞澀"，只能小小的意思一下，不能盡興，奈何也！這一年，我的生活費靠我哥 (62年下半年通過我姐幫助在三化當學徒工，最初每個月 24 元，三年轉正後工資 37.5 元。) 每月從三明匯 12 元供我讀書。

學生年代，雖苦猶甜。享受著青春的美好，雖物質貧乏，但憧憬是無限的，樂觀的。

文化大革命

5.16，第一張大字報在全國掀起波瀾。文化大革命開始，老師及學生都像中魔一樣，生安白造的貼出一張張大字報，美其名叫揭發當權者的資產階級行為。我現在想：可能是多年的壓抑在此間爆發了，倒楣的是建功立業的當權派。大字報寫得越多，越出彩，就表示你越革命，越進步。

這些已不能滿足"革命者"的需要，走出校園，開始串連。紅五類這時很吃香，優先出發，向全國各地串連去。我的成份是華僑小商，有小小的剝削成分，排期是靠後的。革命心切，自己掏錢（泉州至福州 1.95 元）坐車趕往省會福州，也是有緣，在政協偶然碰上了僑光老同學楊友郎和林恩忠等，"臭氣相投"之下，很快結伴組成"長征串連隊"。

目的地北京，憑學生證到接待辦登記，每人領取 31 元及 45 斤全國通用糧票（至北京計算），並去軍用倉庫領取舊軍裝、軍鞋、軍帽，然後穿戴整齊。雖然不大合身，但心裏卻感到很驕傲，很光榮，儼然就是解放軍了，成了兵了。

林恩忠風華正茂，沒參加步行串連。他戴著口罩，正幫忙"新北大"扛這支大旗，或許他有理想等待實現吧！

我與楊友郎、陳友榮，還有一個叫陳友謀的詩山同學共四人步行上路。臨出發前，順便去郵政局打了一個電報給華僑中學：我已串連去北京，請把串連費寄往杭州。花小錢，有可能辦大事。越過高山，越過平原，跨過江河，向著北京前進。

第一天從福州走到連江 55 公里，第二天到羅源 46 公里，走國道，記憶猶新。到接待站，工作人員用洗腳木桶盛著熱水招待我們，很熱情，大家都是革命的需要。憑學生證可在招待所食堂免費吃飯，感覺菜裏的肉片少點，多點肉片就很好。

不幾天，經過飛鸞嶺，從福鼎翻過閩浙的大山分水關，這一帶的民眾會講我們的閩南話，聽說先祖是從泉州移民過來的，格外親切。到了溫州，伙食好像好了起來，豬肉較豐富，這是我們最想要的。一路往北，在麗水，兵分兩路：楊友郎和陳友謀兩人取道義烏達杭州，相約在杭州會合。我與陳友榮經過金華。特地步行 15 公里去參觀及驗證初中課本的"記金華的兩個巖洞"，非常驚歎：大自然竟然這樣的巧奪天工！

　　在金華街頭閑逛，裝錢的小皮包被扒手偷了，身上分文不剩，可幸學生證尚在，可以去食堂拿乾糧（白饅頭）上路。因為吃不慣，就在街邊換幾個烤地瓜，那人笑得見牙不見眼，皆大歡喜。

　　經過幾天的步行，不日四人到達杭州會合。在杭州一中接待站，黑板上果然有特掛號楊文中的名字，很高興，感謝自己在福州的那份電報沒有白打，感謝國家的包容理解支持。革命可以喊口號，但金錢同樣很重要。雖是"錦上添花"，却猶如雪中送碳。在杭州遊覽了西湖，靈隱寺等名勝，並沒能領略到什麼，只是玩玩而已。

　　過了元旦，向上海進發。這一段路程已然不單純步行，偶爾也截順風車，全是貨車，站在車斗上，寒風凜凜，有戰士出征的威風！很快到達上海，知道有一個叫徐家匯的名字，我們被分配在西藏路接待站。

　　上海真的很大。有軌電車及無軌電車成了我們主要的交通工具，上海灘、大世界及人民公園是我們主要的遊玩之地。二十幾層的國際大廈在當時是中國第一高樓，我們只可以仰視它，並感到自豪！

　　離開上海，經過江蘇省幾個富庶之地：蘇州、無錫、鎮江，最後到達省會南京。參拜了雨花臺，參觀了紫金山天文臺，中山陵我並不產生興趣。在南京過農曆年，第一次看下雪，很新鮮，感到很精神。有一個片斷情景總是記得：公交車因路面有雪濕滑，導致剎車失靈，撞倒一個人，這人頭部被撞破，死了，血流了一地。路面上白色是雪，紅色是血，那條交融界線紅白非常分明，真是不幸也！

也差不多在此時，中央發出命令全國停止串連，回本單位鬧革命，憑學生證領取回本單位的火車票。我們與德州的同學交換了車票，他們是慕名廈門鼓浪嶼的旖旎風光而嚮往，我們是不到北京非好漢的壯志使然。

因為北上生眾多，警員無法驗票，我們一窩蜂擠上車廂，渡江北上。在德州人擠人的車站艱難地從窗口用7角錢買了一只燒雞，狼吞虎咽，顧不上細品。

很快到達北京！來遲了，接待站撤了，裏面的暖氣設備沒了，更遑論見毛主席了。但中國人畢竟還講人道人情，當局把我們這些遲來者用大巴士繞天安門廣場一圈，以作安慰。然後把我們送到二十多公里外的軍營住宿。氣溫零下二十幾度，想去北京城必須自購公交票，經常與售票員較量身手，你抓我跑，見怪不怪的。不到長城非好漢已成一句空話，我們的能力有限。

由於條件惡劣，也想家了，我們自動去領取了回福州或廈門的火車票。當時我姐已調往省會福州的福建省化工廳設計院工作，好像在溫泉路或附近，所以我是取道福州返回老家的。

在農村接受再教育 5 年

1967-1971 年，跟隨著時代的主題，在農村接受再教育。

初時也客串過僑光學校的文攻武衛，最拿手是石子扔得很遠，無人可及。但我不會樂在其中，我把時間用來練習吹笛子和學象棋，兩樣都進步很快。在當時，金淘的南一中王友漢笛子吹得最好，可惜英年早逝，死於演出路上的車禍。我自稱二號，雖然金淘地區吹笛子眾多，但自練單吐、雙吐、三吐及顫音滑音技巧的幾乎沒有。

通過楊同學(抗戰仔女，也是象棋愛好者)介紹，我加入大隊的宣傳隊。楊友仁二胡拉得好，是主弦位置，他正需要一個能吹短笛，符合革命歌曲節奏的旋律，這樣的管弦配合會產生比較好的革命性強的效果。

當時，每個大隊都組織一支宣傳隊。在金淘有兩支宣傳隊表現最好，人才濟濟，美女眾多。蓮坑大隊與金淘大隊旗鼓相當，各有各的優勢。我們曾經代表金淘公社去梅山部隊、山美水庫等單位演出，都得到好評。主要演出有《沙家濱》、《紅燈記》、《智取威虎山》等樣板戲及話劇《江姐》的片斷。歌舞演出有：紅色娘子軍、長征組歌、在北京金山上、東方升起紅太陽、農奴翻身得解放，還有很多。話劇較有代表性的是：林彪緊跟毛主席，由林恩忠與小白菜（"抗戰仔女"的靚女）主演。林恩忠的強項是朗誦，聲音宏大，咬字清楚，遇到有畫外音的都由他擔任播誦。他自買一架手風琴參加文臺的樂器演奏，頗有份量。

夜晚，不管刮風下雨，除了有演出，這批青年都義無反顧排練，沒有任何代價。只是白天可以有限度的去草蓆加工廠"推蓆"（草蓆增肥），賺取現金，這方面我是高手。因為是農村藉貫，所以不必上山下鄉，就在家鄉接受教育，參加農業生產，與城市的知青一樣吃苦。只是城青更加獨立堅強，由衷的佩服他們！

　　這幾年的掙工分農事，學會插秧、拔稗草、攏地瓜田，俗稱"背番薯股"，種黃麻、播種小麥，林林種種。公認最辛苦（閩南話"硬鬥"）的農活是夏天收割蓆草。那時沒有天氣預報，全靠老隊長與老農半夜觀天象，繁星閃爍，璀璨累累的天空就拍板，全體社員起早收割。從水田裏挑到向陽的珠山小山坡攤開暴曬，因為有水份，擔子很沉，又上坡，路不平坦，我咬著牙拼命跟上老農們。大概要挑到9點多才完成收割，這才鬆口氣。但天有不測風雲，有時碰到"西北雨"，中午就得搶收還未完全曬乾的蓆草。雷聲轟隆，烏雲閃電催人忙，我又跟在人們後面，緊張的挑著較輕的擔子往山下急忙地來回跑，這是一段辛酸難以忘懷的記憶。

　　時代不斷進步，草蓆慢慢被淘汰了。金淘唯獨的地利（適中緯度之小盆地）產品，草蓆行業成為歷史，一去不復返了，很徹底，連蓆草種都沒有留下。"緯"沒了，作為"經"的麻線（種黃麻）也相繼在本地滅亡，不存在了，這是福音！

　　不負使命，吃苦耐勞，但還是覺得有點時不我待。光陰飛逝，是否會有其他變化等著我？

流動工生涯

1972 年，我的老同學林恩忠被金淘公社企業安排在龍巖紅炭山工地就業，職位是金淘外出工程隊龍巖駐點當出納，管理現金，按時發工人生活費。那個年代，每個工人每天的生活費規定為一元，小組長想多借點就得巴結"老林"。我到紅炭山做工，最大的優點是有錢花，不會拮据。又認識了從惠安西吟頭聘請來的技術員陳友騰，他喜歡喝酒，猜拳是高手，我喝酒猜拳就是從認識他開始學的。雖然他是管理員，幹部的身份，但我們卻是義氣的兄弟。他大我五歲左右，經常結伴到龍巖城裏的工農兵飯店、紅巖飯店、南門酒家喝酒，是一段美好同行的日子。

主管許友江，也是造反派的老同學，出道較早，撈到這個職位。主管、技術員、財務都與我有良好的關係。工程結算時，甲方的工程款是技術員用開"方單"的形式結算給小組，技術員有權利扣留一小部分工程款連同甲方給乙方的管理費，一齊交到公社企業總財務。雖然截留余款不多，但聊勝于無，我們幾個也足以盡興一番。

在這期間，許友江在紅炭山這老根據地組織了一支毛澤東思想宣傳隊。廣招人馬，兵源除了三兩個輕騎隊餘部外，大部分來自詩山五埔山。為首的叫呂友吉，拉一手好二胡，與楊友仁不相伯仲。那時期二胡在金淘拉得最好的是王友樂，任省梨園劇團主弦位置。林恩忠此時換了一架嶄新的手風琴，拉得響亮。許友江也會拉二胡，我照樣吹我的短笛。宣傳隊會去別的工地，比如漳平麥園、八一工地等地方慰問演出，也去古田會議會址參觀並演出。演出時及下雨天的節目排練就按照點工的工資 1.42元，雖不多，但下雨天湊工分挺好的。

節目內容大同小異。當時演《沙家浜》的阿慶嫂是一位少婦，顏值風韻俱佳，男人或許都想飾演胡司令或刁德一，可以和她打情罵俏。只是阿慶不是去外邊跑單幫的，而是一個跟在她身邊的流動工。看樣子，這對年輕夫妻日子過得還可以。精神及物質都貧乏的那個年代，青年男女還能要求什麼？！

1973 年，林恩忠、許友江（楊友郎也在此時往港）先後獲得公安局批准到香港定居。臨走前，我以小組長的名義，借出 500 元（那時人民幣面額 10元最大）備用。後來我父親知道我要結婚，從菲律賓匯來 500 元，與我的備用錢，加在一起用來結婚。在這個年代，結婚的形式是最樸實最實際的低運作。父母之命，媒妁之言就能滿足男女雙方。這種先結婚後戀愛的方式是實用加適用的。大多數人能“從一而終”，不像自由戀愛而結合的離婚率那麼高。可見，某種基因活躍的人是最容易見異思遷的，特別是男人。

林恩忠去香港後，調來新財務林先生，很快又混熟了。這期間，我的小組負責備料，在溪南炸石頭供應泥水組砌擋土牆、排水溝等等設施的基礎。我們的工作量大，一塊錢的生活費是不夠的。我領着組員帶著濃濃的酒氣上龍巖大旅社，趁管理人員集中開會之際，提出抗議，要求提高生活費。第二天管理人員的頭頭來工地視察核實，決定每天多發五角錢給楊文中小組。人必須抗爭，才能獲得有利條件。

　　1974 年，我重新組織，擴大了隊伍去溪南煤臺挖土方。土方量很大，煤臺就是集各地卡車運來的煤炭，居高臨下通過自動通道裝進火車皮，通過火車的有效運輸，快速到達各地。甲方對工程很重視，經常派技術骨幹來指導檢查。其中有一個主要技術員很喜歡下象棋，因為隊部沒有對手，每當這時，主管侯先生會到處去找我跟他對弈。真是棋逢敵手，愈戰愈不肯甘休。他是樂在其中，我是忙裏偷閒。財務傅友梓在一旁觀戰學藝，各有所得。侯先生會叫人去南門酒家斬一些雞鴨之類的"斬料"回來招待客人，請客喝酒。

　　工程進度還算順利，這種土方工程，我是挺拿手的。因為會看圖紙，所以偏差不大，容易糾正，能符合甲方要求。農曆十月十六，是我們家鄉後坑的六使公誕，我小組休息半天慶祝，特地用三節炸藥，外邊叫烈叔用紅紙寫上六個漂亮的篆書"楊家制炮組制"包住成圓筒型，然後叫我的好朋友"安溪猴"事先爬到那棵最高的桉樹尾梢，把"電光炮"綁好隱蔽好，接好電雷管的電線，安放在樹下。酒過三巡，賓主微醺，我叫大家出來參觀一下這個特大電光炮的威力，電鈕（兩節電池）一按，"嘭"的一聲，紅色的紙片像花瓣一樣的散開，非常漂亮。特別是在樹梢的空中爆炸，聲音清脆，聲量宏大，響徹三公里之外，附近的人，目瞪口呆，好久才回過神來。我們就是要達到這種效果，一種宣洩，一種吶喊：中國，我們路在何方！

闖蕩江湖

1975 年，在金淘工程隊已有三年多，積累了一些經驗以及人緣關係，這個墨守成規的隊伍已不能容納我，我必須出去闖。

曾經身上只有二十來塊錢的樣子，還帶著一個人去江西聯繫工程。從龍巖到江西樟樹向西站的火車大多沒買票混過去，轉汽車到贛州是必定要買票的。我們艱辛到達離井崗山五十公里左右的工地。天氣非常炎熱，住了大約十天，由友人傅友正出錢買了回福建龍巖的汽車票，車一路穿過贛閩交界的崇山峻嶺，道路崎嶇，兩邊竹柏密林輝映，真是風景這邊獨好！

1976 年，我投奔眉山工程隊。眉山本由金淘公社管轄，因地理位置偏遠，村落分散在各個山間。為了方便管理，南安縣批准獨自成立眉山公社，所以人事方面都比較熟悉。外出工程隊的隊部設在永定坎市石排。

我的小組被分配在西井口挖土方，這裏將興建一個"煤坑"工程。按照圖紙要求，必須挖很深的基礎，土方都是人工一擔一擔地挑到地面兩旁，以後可以用來回填。工程量很大，工人很辛苦。這裡記下一个小片斷：有一只四十多斤的肥羊"漏陣"，在工地旁咩咩叫，被我幾個組員抓住，有的抓羊腳，有的按羊角，然後挖個坑，硬把這只不幸的羊活埋於土下。夜暮降臨，三幾個組員施施然的挖出來再帶到二採區的山溝殺了，第二三天成了美味。有羊肉助威，工程進度加快。臨收方時，我親自操戈，拿一把鋒利的洋鎬爬上最高的險地修改斷面，盡往有利的方面引伸入局，這種事半功倍的功夫手段，都是必修課，不日收方，果然得到回報。

在這裏認識了"阿肥仔"方友玉，他是老坎市，認識很多礦工老鄉，資金運作很靈活充實。有一天主管兼財務出來發生活費，提儀我用盲棋與方友玉明棋對弈，三盤兩勝，輸者負責中午的酒肉飯菜。我皆勝，葉友發酒飽飯足走了。這時方友玉不服氣，再來輸幾盤（五元錢彩金）。後來他提議賭"三公"，正中我意，我用粗劣的千術把他一個星期的小組生活費輕鬆拿下，裝進我的口袋。由於他的性格與我合得來，我與他成了好朋友，我不能再與他對賭了。他年齡小，我叫他"阿肥仔"，他叫我"老蛇"。有時就結伴去與別人賭，但資歷尚淺，總是輸多贏少。

後來也上山上去二採區炸石頭，敲成片石，填鋪簡易公路的路面，防止運輸車打滑。砌路基、挖排水溝等工作，這些工作極其簡單，都能得心應手。只是在煤礦工人宿舍附近炸石要膽大心細考技術。在此時，學會了燒鋼釬、燒洋鎬土鏟及削炮錘柄等手藝。這些都是必須學會的傍身之技。

就是在這年，有一天我下山去隊部領生活費，正好走到橋上，突然氣笛大鳴，毛主席與世長辭，舉國默哀三分鐘。我肅然起敬，原地立正於橋頭，悼念我心中唯一的偶像——偉大領袖毛主席。同是這一年，1976年，周總理、朱總司令兩顆巨星相繼隕落。唐山地震，天昏地暗，日夜無光。是天意，還是偶然，誰也答不上，我總會有一些茫然的感覺。

1977年，山隊部聯繫到一個新工程：紅炭山煤礦擴建炸藥廠，地點在離西湖山不遠的一個山溝裏，一面靠溪，位置相當隱蔽。民工分成三組進場，我是其中一組，不知原因，工程遲遲不定，我們只能靠隊部發有限的生活費過苦日子。

這裏的正式煤礦工人都是知青分配來的或退伍軍人，分成廈門幫及福州幫，語言與性格使然，兩幫人格格不入，經常會酒後鬧事而發生群毆事件。

由於無所事事，窮則思變。下雨天會跟着廈門知青林友秀去當地農民的土樓周邊抓老母雞到西湖山宿舍燉湯喝酒。林友秀個高手長，口袋裏裝一把米，把物色好的老母雞用米一粒一粒的引導來到偏辟處，再放一大把米，老母雞正吃得歡，林友秀的手已經像太極拳動作的小擒拿迅速抓住雞脖子，然後雞頭朝下，挾在雞翅膀裏，兩手抱住雞身旋轉二十下，雞就暈了。拿出預先準備好的報紙包好，挾在腋下，大大方方地走回家，樣子是從小賣部買包東西一樣。我和楊友霞會買燒酒，當時的酒 60 度的居多，麵條雞蛋菜來配合這佳餚。

晚上出去賭三公或牌九，由於賭術不精，最終還是把從"三公"贏來的一千多元輸在三十二張牌九（樸克牌代替，兩紅 Q 為天，兩紅 2 為地）的牌桌上，因為他們在天地牌上做記號出千。當時治安條例相當嚴厲，抓到會被關進去。

就這樣在紅炭山炸藥廠工地虛度了兩三個月，下半年，基建工程終於定下來了。三個小組正式投入勞動，幹勁十足，似乎要把年頭的損失追回來。晚上，歡笑聲有了，喝酒猜拳聲有了，整個山谷充滿著歡樂。

大難不死

1978 年，紅炭山工地的工程正如火如荼地進行著。勞動節前夕，因為要趕進度，早日收方，我去工地忙活了一天。下午三點多，幾門土、石炮已安置好了炸藥，把導火線按安全準則的長度接通在炮口外的位置，只剩下最後一門打了兩米多深的石炮，完成了兩次"擴炮"。擴炮的意義在於炮洞的最深處能形成一個有利於可裝足夠的，可摧毀斷面的炸藥，俗稱"雞母窩"。合該有事，擴完炮後發現只剩下 60 公分的導火線，如果嚴格遵守安全守則，叫一個組員去宿舍取來導火線，然後有多深的炮洞就連接多長的導火線，也就是說，炮眼越深，安全係數就越高。

炸石頭放炮是我的強項，大膽的性格，冒險的精神再加上老油條作風，我沒有這樣操作。我用"擴炮"的方式來完成此次爆破：裝好足夠的炸藥後，我把僅剩的 60 釐米導火線裝進雷管，再把雷管裝進用來引爆的一節炸藥裏，點燃導火線，迅速把那節炸藥用炮箸（筆直的木棍或竹棍）推到兩米多深的炸藥堆裏，然後再用兩個圓狀的紅土塊壓住，作用是隔絕空氣。楊友憶幫填炸藥在洞口右側，我正對炮口，雙腿前弓後箭，姿勢就像烈士手握爆破筒塞進敵人碉堡槍眼裏一樣，正當最後用炸藥紙塞住炮口的瞬間，炮響了。我本能的跳到左邊空地，發現楊友憶躺在洞口的右邊地上，我趕緊跳過去扶他，原來他是驚懵了，根本一點傷也沒有。這時，我才感到右小腿激痛，低頭一看，褲子已沾滿了血，石子穿過褲子在小腿上打了一個小洞，血流如注，但人卻還很清醒。

我想，這是因為導火線品質不穩定而造成的事故，為什麼能在炮口逃出生天呢？據自己推測：經過擴炮，因為是煤層石斷面，炮洞變形，炸藥脫節，威力嚴重減弱。如果正常爆炸，如果能有一塊墓碑石，上面將會有幾個字：楊文中終年三十二歲。

陳小安（內弟）用鐵斗車把我推到西湖山礦部醫院。我坐在車上的木板上，嘴上叼一支煙，好像戰場上退卻下來的傷兵，正暗自慶倖：我怎麼沒死呢？!

礦部醫院的醫生正在搶救一起交通意外的傷患，必須等待。我果斷的、勇敢的開水龍頭，忍痛沖洗左手臂及右小腿的傷口位置，把插在皮膚上的小點黑色煤層石盡量洗乾淨，倘若當時沒有採取這明智的舉措，將會有許多黑點留下來。

外科醫生做完了救治車禍傷患的治療，5點多，我進入手術室，先打了一針防破傷風，然後在右小腿傷口取出小石。醫生說幸好石子沒打穿骨膜層，如果打到骨頭，後果將不堪設想。

花開兩朵，話分兩頭，五月一日是我們勞動人民的節日。為了慶祝，特地請來有炊事班經驗的廈門林友秀、晉江的許友尼、呂友拿這些朋友過來幫廚。蒸大饅頭，一個人配額一斤半的大封肉，買幾瓶高粱酒。所以，在我處理傷口時，組員們和這幾個朋友正在難逢一次的"盛宴"。而我的那一份在做手術之前已被我一掃而光，大抵是失血過多，需要補充營養的原因，三下五除二就幹完了。在礦部醫院住了大概十多天，已可拄著醫院分配給我的拐杖出去找"賭窟"賭錢，而且運氣還不錯。

　　7 月份，收到母親打來的電報，指示我速回，已接到南安縣公安局通知，經香港去菲律賓接業的申請獲得批准。和我同期獲得批准的還有同鄉楊友龍、楊友勇兩個。我結束了流動農民工的生涯，趕回老家辦理了相關的手續，並領取了中華人民共和國赴菲護照。

　　按我們閩南家鄉例，親戚朋友都會送來面線蛋，祝出門遠行的人行好運及早日康復。重要的親戚會送來大禮，有雞禽類，通常是送未下蛋的小母雞來給我補充營養，這種肉嫩味鮮的美食，在當時我可以一次獨食完，曾經得到我姐的稱讚。

　　這些天，母親的臉色似乎沒那麼憔悴，眼神也充滿了希望的曙光，她心中的寄託，我這個不肖子能完成嗎?!

第**3**章

闖蕩香港

背井離鄉闖香港

1978 年 8 月中旬的某一天，我們出發了，要去香港了。帶我去的是同鄉老香港 (62 年定居香港) 裏叔和五年港齡 (73 年定居香港) 的金叔。我們與家屬先到泉州華僑大廈集中，當時的交通都由中國旅行社安排。臨行時雖然有點興奮，但心中也有離別家人的惆悵。

第二天，告別了送行的人們，三人登上豪華大巴車，與晉江地區的同樣要往香港的幸運者，向西偏南的方向駛去。那時的公路級別很差，一般是沙石混合的土路，偶爾也有柏油路，但品質不高。泉州至深圳要兩天的車程。當天晚上，一行人下榻廣東潮陽賓館，吃了一頓頗有潮汕風味的豐盛大餐。回到房間，三個好賭之人開始賭香港流行的“話事啤”，雖然是剛剛才學的，但兩位叔臺竟成了我的手下敗將。

第三天下午，我們到達深圳。他們倆是老香港，順利通過羅湖口岸出境。我必須滯留深圳，等待海關安排過關日期。這幾天就住在小旅社，沒事就在這個小地方逛逛，那時的深圳只有一條不足百米的小街，破破爛爛的，非常落後。

大概在深圳滯留了五六天左右，過關日期到。這裏要感謝金叔特地從香港過來帶我抵港，出境後在羅湖乘火車到達紅磡火車終點站下車，再乘的士到達土瓜灣馬頭圍道七喜大廈 12/F 林恩忠住處。只有他才會樂意收留我，有恩於我，難以忘懷，再一次證明同學間真摯純粹的友誼！

五光十色

我與林恩忠老同學住在 12/F 的一個房間。房東是三口之家，為人友善。當時睡在簡便的碌架床，我在上鋪，林同學先支付五百港幣給我，一切安頓就緒。第二天早上，小林去上班，我穿着他的牛仔褲乘電梯下樓來到街上，聞到一股芬芳的香氣，大概是從藥房裏飄出來的。我有前所未有的感覺，感受到了資本主義的繁華氣息。

有錢好辦事。到街上到處逛，看了三場電影，最深刻的是早場的日本片"東瀛春色"，視角感官良好，回來還津津樂道。但小林已不感興趣，平常的很。他只驚訝我在來港的第二天就獨自觀賞三場電影的行動，自愧不如也。那時侯電影院分早場，下午的公餘場和晚上的正場。色情片、武俠片、文藝片流行其中，早場及公餘場票價相對便宜，而且影院數量很多，目標也很大，很方便。

第一個週末，馬季開鑼（夏天馬兒歇季）。我帶著錢（我父親也從菲律賓寄來了五百港幣的安置費）。從九龍城碼頭搭火輪，由北角上岸，去號稱快活穀的跑馬地快活快活。進馬場後，先買了一個用鹵水醬油煮的大雞腿（那時還不懂得叫雞脾），吃得滿嘴是油，太好吃了，吃完了有捨不得扔掉雞骨頭的感覺。

馬就要開跑了，我趕忙去投注。最小的注碼是五塊一注，因語言不通，我只能用手在號碼牌上與售票員小姐比劃，然後成功的抓了幾張彩票出來。志在參與，注碼又小，沒有緊張刺激之感。馬出閘了，我在人堆裏聽到混雜的（有數字聲的，有馬名聲的）、聲嘶力竭的吶喊聲。喊聲過後，騎師策馬沖過終點，這時又聽到另一種聲音：屌屌聲。那時侯還不知道那是粗口，但看到他們垂頭喪氣的樣子，就知道是大勢已去。

自從這次參觀了賽馬過程，我對跑馬賽事就提不起興趣。我的觀點是：這賭馬不能像打麻將，玩啤牌般的可以操控在自己手裏，達到因地制宜，因時制宜，因人制宜的主動權。當然，從另外一個角度看問題，馬迷對香港社會貢獻是很大的，造就了香港賽馬會成為香港最大的慈善機構。

過了幾天，住在附近的陳友鋒（在紅炭山宣傳隊與我們認識，是象棋愛好者陳榮老師的侄兒）請我和恩忠上酒樓飲茶。我驚歎世上竟有如此美味的點心，或許是正當年輕的緣故。夜晚和恩忠同學去深水涉汝州街布行打廣東牌，從雞胡打到 4 番的「爆棚」，我一學就會，濕濕碎（小意思）。

香港，對我很有魅力。願這顆閃爍在世界的東方之珠，永遠璀璨！

80 年代香港打工生涯，紙行 / 地盤 / 塑膠 / 啤機都試過

大概待了十天左右，我找到了來香港後的第一份工作，去旺角的太子道成昌紙行（卿叔當時在紙行做業務）跟車送紙。待遇是日薪 27 元，包吃中晚兩餐。對於單身的我，這兩餐格外重要。四菜一老火湯，有魚有肉有雞，營養夠豐富的。遇上初二、十六做牙，管家會買燒豬肉、燒鵝之類的「斬料」加菜。吃完就在飯桌上推牌九或回家，各隨尊便。

一發工資，第一時間去左派銀行（共 13 間）用

三百多元港幣匯錢一百元人民幣給我母親，安排日常生活費。當時已經有兩個女兒映虹映暉（後來又是女兒映晰出生，再來了當大哥的映亮）共四口之家在農村。雖不能很寬裕，但已盡責任，再交房租兩百塊港幣，也就所剩無幾。

80 年代初，香港塑膠業發展很快，踏進這行業做生意的人都撈得風聲水起，賺了大錢。

82 年，堂親友龍在長沙灣政府工廠大廈 G/F 的塑膠廠負責收廢料 (吸塑水口) 及送膠片去和富總廠的塑膠廠。長沙灣和富陳老闆是友龍的老丈人，上海人，和富大老闆是陳老闆的上海老朋友，在荃灣擁有大廠房開塑膠廠，生產膠粒及膠管或其他塑膠配套，是這一行業的龍頭老大。

我就在友龍廠"打水口"，計件，一包最初 2 元，重量 50 磅。這裏先解釋一下："水口"是指啤機塑膠廠取走了有用的成品，剩下的頭頭尾尾，框框條條的塑膠（pvc 材質最普遍）廢料。當時臂力特好，50 磅一包的膠片像推鉛球向高處推去，整齊的堆積在有限的空間，這是粗重活。噪音又大，但工資高，一天通常打一百包，兩百元。

所謂工欲善其事，必先利其器，用打磨機磨刀就考耐心與技術。先磨好兩片底刀，底刀不必鋒利，只是要形成直線夾鈍角就行，三片轉刀就必須鋒利，用手轉動甚至能聽到微細的與底刀接觸的金屬聲，可用一張薄紙試下便知效果，大功告成，心滿意足！

跟這架打碎機混熟了，就有感覺。憑聲音就知道什麼時侯該放進廢料及份量的多少。膠片裝袋與打碎是同時進行的。

打好的膠片堆滿了，就裝車送到荃灣總廠。經常會叫金叔過來幫忙，每車可分兩百元，比他做地盤工的時間短，工資又略高。晚上三人結伴去大排檔喝茅臺酒（那時便宜），吃火候到家的炒菜，再回到廠裏玩十三張，我們就這樣過了一個快樂的夜晚。

83 年 3 月 1 日，因財政赤字，財政司宣佈煙酒等消費品加稅。煙加價的幅度最大，從每一年度的三角，有時候四角的有規律加價，一下子從原來的 3.7 元跳升到 6 元（78 年 2 元，每年 3 角 4 角遞加）。我和友龍決定戒煙，各自把大半包的雲絲頓這美國香煙丟到正下著雨的窗外，我一次就戒煙成功。

闡述一下經驗：由於抽煙，積累了很多煙草中的尼古丁在體內，叫尼古丁中毒，會上癮。有時需要補充尼古丁，就要抽煙，戒煙就是搞對抗，你要補充，我堅定的不給你，慢慢把你磨掉，這必須有堅強的意志。友龍一個月後又抽上了。我在長沙灣工廠大廈幹到年底，回老家過春節。

1985 年下半年，隨著大陸突飛猛進的發展，很多香港老闆為了利益及生存把工廠向北轉移，吸塑廠越來越少，我面臨失業。這時，黃竹坑那裏的啤機廠仍然一枝獨秀，生意還很旺盛。通過同鄉楊友華和楊友旭的介紹，我跟他們去黃竹坑香葉道的一間啤機廠返工，工人大都是福建人。

啤字，在香港，一字多解。啤牌指樸克牌，啤酒大家知道是喝的，啤機，名詞加動詞成份，製造產品的意思。工廠裏有規則的放著二十幾三十部的這種機器，工人從機頂的漏斗加進原膠粒，經過高溫融化，膠漿注入模具，形成所需產品。比如鄧麗君等眾歌星錄製歌曲的錄音盒或盛行的攝像盒，都可以通過模具去完成。產品從機器的出口源源不斷的啤出來，工人就把這些產品執整齊裝進紙箱，檢查員檢驗合格方可。

　　機器啤出來的除了成品，還有連接作用的水口，這種水口比吸塑的水口結實，是整塊整塊的。啤機的工人負責裝在本來是裝膠粒的膠袋裏，放在通道旁邊。正好那時侯打水口的晉江人辭工，我接替了他的工作，因為有打水口的經驗，又會變通，我用厚紙皮延伸了打碎機的漏斗形進嘴口，整包的水口甚至兩三包全倒在上面，然後用手把水口廢料酌量撥進機器裏，又方便又省事又快捷。把本來那個水口工要幹十小時的工作量，我一個多兩個小時不到就搞定了。啤塑的水口比吸塑的水口好打很多，沒有雜物，很乾淨。如果上夜班，下半夜可以和工友切磋麻將，其樂融融。上白班時，三點三的下午茶都由昨晚贏錢的工友請客，會列好清單叫一個阿松的老人到附近的南朗山道茶餐廳買上來，最常見是炸雞翅、多士和咖啡奶茶，太香了。

　　廠長姓任，外號石堅，這是工人們在背地叫的，褒貶成份各一。石堅（某部電影的人物）是叻及奸的代名詞。他很滿意我的工作效率，堆積在通道的廢料水口很快清理完了，看在眼裏就舒服。石堅也喜歡下象棋，經常叫我去廠長室和他對弈。是下彩的，我不會吃虧，而他卻好打發時間。石堅是大老闆（移民外國）的大學同學，工廠都由他打理，不折不扣的中產階級。開一部寶馬，有時也車我們去北角的宋景臺他的大套房打麻將，混熟了，實際上他也是一個很風趣的人。

管工姓翁，和我一樣是新移民，海豐人，外號黐線翁。黐線，指神經有病，兩條神經線粘在一起，有時會短路，廣東話用來罵人。工人的機臺位置及工作都由他安排，啤工的工資是計件的，啤什麼產品會直接影響他們的工資。一般來說，他們不敢得罪他，甚至有點怕他，實是可悲的福建人。有一天，黐線翁來干涉我收水口的次序，可能是試探性的下馬威，我不理會，當成沒聽見。他得寸進尺，很囂張，越嚷越大聲。我見時機成熟，順手拿起一把裝膠粒用的白鐵勺，用力的扣在他的腦殼上。他傻眼了，一動也不敢動，我看他沒反抗，也就放他一馬，如果真打起來，肯定讓他趴在地下為止。一物降一物，從此，他見我就會閃開，也著實讓這些福建老鄉出了一口惡氣。任廠長不過問，穩坐釣魚臺，他知道互相制約有利於他的管理，高，實在是高！

工友們大都住在西環的大道西及卑路乍街，我當時住在卑路乍街，要經過浦飛路步行至薄扶林道再轉小巴到香港仔，然後走路去香葉道啤機廠。

短暫的士生涯

85年至86年底，凡是塑膠業的製造廠都往北的深圳或更遠的地方遷移，工友們除了可得到一小筆按香港勞工法例的遣散費外，就將要面臨轉業，甚至失業危機。

我年前進讀銅鑼灣李鍵駕駛學校，並一次性考獲了的士駕照，派上了用場。香港駕照上多一個6

字，準備開的士搵食（謀生）。我去灣仔某車行租車出來營業，那時的租金一更 160 元，分日夜兩更。的士車也分兩種，一種是波棍設在方向盤的，另一種較小型，波棍和學開的私家車一樣設在左下方。我是新丁，就選擇了後者，較能適應。交了按金，租期十天，營業員態度很好。

把車開出車行，停在路邊，我很別扭地把的士開回西環。為了顯擺，叫來許友銘和葉友勤上車，然後開上太平山頂觀光，其目的也是想練練手，下山後就在他家吃飯喝啤酒，許友銘做的家鄉飯菜頗有講究。

夜深，馬路上車少了，就開出去試一下，或許可幫補下今天的租金及油費。第一趟車因走錯路線，被乘客臭罵了一頓，我陪著笑臉說：大佬，你就將就給吧。客人付車資後悻悻然下車，很用力的把車門關上，"嘭"的一聲，我感到小的士有些震動。乘客這時可能在想：香港居然有這樣劣等的司機。而我卻發出會心的微笑：終於做了第一單生意。不管劣等或優秀，我必須堅持。很幸運，又接到一支大旗（遠程客的行家話），過海去九龍的美孚新村，這程沒差錯，畢竟九龍的路比港島好走。

的士司機並不輕鬆。要先做夠了租車費及油費，剩餘的才可以落袋，碰到警員抄牌就白做，這行業並不太適合我。去灣仔車行交了車，按金要半個月後才能領回來。

新界屯門新生活

新界，顧名思義，就是新的界線，新的世界或小世界。歷史原因，傳統的新界是由一條叫界限街來劃分的，以南是英政府本已佔領的九龍半島及香港全島，在英政府無恥、清政府無能的背景下，英政府意猶未盡，得寸進尺，強行租借界限街以北的地方，在地理版圖上稱為新界。

　　屯門，一個新興的市鎮。地理位置處在新界西部，八十年代的陸路交通只靠屯門公路與海邊的青山公路出荃灣。由於屯門公路的設計與車流量嚴重不符，坡道過長，造成重車爬坡緩慢而交通不暢，經常塞車。所以屯門居住條件並不理想，這就直接把屯門的樓價扯低下來，這是必然的。

　　89 年年初，家人即將來港團聚，新的安居樂業生活即將開始。

　　有安就有危，這是人生路上通常會領略到的。有一天在報紙上看到一則廣告：招請行走中港兩地的運輸車入線，署名是瓊港運輸公司。我感到興奮莫名，我渴望的理想職業即將實現。算計一下，出一部 5.5 小密斗貨車首期加上入線費大概是 8 萬元。向三個同鄉友人各借 1 萬元，感謝他們！在置樂花園的運輸公司辦理了入線手續，很快就出了一部藍色車廂的小型密斗車，但運輸線位遲遲不能獲批。當時海南還屬廣東管轄，可能是地方權鬥或其他問題。開不了工，供車吃緊。

放棄小貨車

　　有危同樣就有機，這也是必然的。在這窮途末路之際，深坺高麗厝的葉友芳，在荃灣南方中心組建一間慎豐有限公司，經營皮箱旅行袋等等的旅行用品。新公司剛剛開業，送貨的貨車還未到位，又趕營業，葉友芳打電話給我，要租賃我的小貨車來送貨，我當然樂意。就這樣把這部還未能踏進大陸的新車，像漂亮的"二奶"租給慎豐公司使用，我只是履行司機的職責。每天開車跑新界港九，幫幫車尾，工作很輕鬆，每天坐巴士上下班。

葉友芳也替我的利益考慮，建議收購我的車做公司車，但由於自己對理想職業的追求太過執著，我婉言拒絕。在此，我要感謝葉友芳，畢竟是老熟人，老玩伴。公司車出來了，並請了司機"高佬"。從此，我又過著逛蕩的日子，做起街車生意，有上頓沒下頓的。雖然映亮已在酒樓學廚，但供車還是出現問題。有一天把車停在荃灣橫龍街去打麻將，第二天車不見了。有經驗的叫我打電話問財務公司，果然是因為欠供被扣車，並給我一個期限，如再沒續供就拍賣我的車，我別無選擇的放棄。不日，財務公司寄給我一封信，列明數據，欠款 5 萬左右。初時也有人打電話來騷擾，我不理會，大概是住在圍村，以後也就沒了下文，不了了之。

那時已搬進順風圍村屋居住。本地居民屋主梁太是個大好人，心地善良，對新移民很體諒，租金很便宜，順風圍也就成了我的"根據地"。通過報紙的招聘廣告，我去洪水橋丹桂村五金廠當司機，一腳踢（司機兼送貨），主要工作是送螺絲及五金配件去大角咀的眾多五金店鋪，大角咀的街道大都以樹來命名，比如樺樹街槐樹街楊樹街等。

也算與慎豐有限公司有緣，當時公司搬到橫龍街的工廠大廈，楊友勇也在此工廈經營塑膠行業，後來在龍崗設廠，很成功。慎豐公司車司機高佬辭職不幹了，因為熟路，我是最佳人選，所以又回慎豐當司機。志叔跟車，很勤勞，我們的送貨工作輕鬆，雖然有四五個跑街的接生意，訂單遍及港九新界，五花八門，但營業額卻不大，濕濕碎的那種。現在我對大街小巷很熟悉，就是那時候練出來的。

比如彌敦道南行左轉山東街去女人街——通菜街及西洋菜街，都能駕輕就熟。提起這兩個好吃的菜就特別有精神：通菜，又名蕹菜，蒜瓣炒之，百吃不厭。吃沒了通菜，西洋菜又上市了，豬骨、蚵豉、杏仁煲湯，甘香無比。

最難走的應該是西營盤街道，路面窄，彎道又多，赤柱正街及西貢也有人下單，間中也去。

考中港車司機牌

在荃灣的橫龍街附近，有考中大型貨車的試場。我在"有記"一次性考了19（大型貨車）車牌，送18（中型貨車）。若考20就送19，但必須分兩次才能考上20這種掛接車輛。有了19牌，我抽空去沙田學開貨櫃車。

也是運氣好，我認識了中港雄輝運輸公司老闆羅先生。他同樣在這架歐州名牌平治拖頭學車。因為同門學車，我請他關照一個開大陸車的位置，他爽快答應。

或許有人會問，大老闆來報考貨櫃幹什麼？各位看官，請聽我道來：羅先生是一個敬業樂業的老闆，他需要有這方面的知識及手段，每個中港運輸公司都能申請一個至兩個的後備司機，辦好相應手續就可以開車上大陸。遇到個別司機劈炮不撈（丟下武器不戰鬥）或缺司機，這時，作為後備司機的老闆就可從容應付，駕駛任何貨車頂上。一可過下癮，二可填補真空，客戶及金錢不會流失及損失。那時候好市道，一部中港貨櫃車一個月可營業十多萬元，有的多到二十多萬元。

羅先生講信用。不久他打電話叫我到深水埗的公司辦理中港車司機的有關手續，並另眼相看，特地留給我一部16T的中型貨車，大陸買10T過路費。這裏介紹一下：香港的5.5貨車買3T過路費，戲稱三磅仔，10T車買5T，24T車(後八)買12T，30T大貨車（四軸）買15T。貨櫃車不管是38T或44T，統一買20T，從中可看到香港貨車一般是6T、8T再6T8T的增級。一般來說入行就得從3磅仔練起。我在公司拿了這部香港16T的白兔仔依蘇蘇(ISUZU)的車匙，去荔景山龍翔道的一個不抄牌的空地上，很不熟練的把"欽州華發"運輸車開到屯門順風圍同樣也不怎麼會抄牌的路邊。等待公司通知上深圳考大陸駕照，我很興奮，心情很好，理想的職業將實現一半里程。

這裏講講我的理想職業，也非常簡單：就是自己開著一部屬於自己的貨車（也叫單頭車），穿梭中港兩地，走南闖北，浪跡天涯，遍嘗廣東名菜的佳餚美味。特別是中港司機最喜歡的平靚正的"北菇雞飯"。在此同時，由於收入也較充裕，男人的責任養家糊口及承擔家庭經濟開支的能力也綽綽有餘，於願足也！

深圳考大陸駕照

很快，公司安排我上深圳考大陸駕照。打點行裝，提前一天從羅湖過關，住進靠近文錦渡的五星級陽光酒店。

第二天上午，在文錦渡車管所樓上的教官講室筆試，考卷分選擇題及作答題兩種。這種考試，我很自信，就像在香港考的士牌一樣輕易的做好。考官即時批卷，合格的叫名站在一邊準備路試，不合格的安排在下一個考試日復考，大約有 8 個筆試合格。

我們向一個老師兄（已行走中港）租了他的中港貨車，每人一百元。考試由考官安排人員次序，並坐在左邊靠窗位監考，考生考完後就叫另一個上來。考試也簡單，考小路出大路的安全意識。考換檔，通常也只是考一二三檔。8 人之中，只有一人不合格，大抵是換檔時太緊張而發出聲響，真倒楣，但這個考員在下一個考試日就不必再筆試。

這裏解釋一下眾多沒開過中港車司機的疑慮：在內地開車，若是香港的右舵車，你的駕駛室永遠靠路旁那邊。尷尬的是，在內地的窄路你想超車，就必須把頭偏到副駕位這邊，看清楚了再超車。因為前車擋住了你的視線，特別是兩車道的，比如走沙灣水庫邊的沙灣道。同樣，內地的左舵車若在香港行駛，也必須把駕駛位靠路邊，因為香港是左上右下，所以如此，可杜絕逆線行駛。

大約過了四五天，公司已幫我辦妥一些手續，主管安排我到文錦渡驗車。需知道，每次不管是車換人或人換車都必須在口岸驗車，驗明正身，防止作弊。

　　每次碰到像我這樣的新師兄上路，公司會安排老師兄帶領。我開著車跟在師兄"車厘子"後面，先過香港關，這比較簡單。過了橋，把車停在驗車場，師兄通過與大陸相關人員的驗車安排。大概兩三個鐘頭，一切驗車合格，並辦理了黃本即司機簿、藍本即動植物檢疫薄、加簽的回鄉證，還有駕駛證、健康證及運輸公司的牌頭印章。車頭玻璃也五花八門的貼著大陸的行車證、營運證、養路費及重要的保險。可以貼的就明示在擋風玻璃上，剩下的這些裝在一個你自認為合適的背包，這是中港司機的命根子，一旦丟了，後果不堪設想。

　　驗車場是內地部門設給中港車驗車用的，是個中間地帶。還沒"出關"。出關後就享有中港車在內地免稅行走的待遇，驗好的車必須由一車一司機負責開回香港，等待出發。

集中報關單

　　休整了一天，一切齊備，第二天公司分配工程給我。在這一行，大小柯打（ORDER），統稱工程，見怪不怪。第一個工程，也是我的處女作，特有印象。我從屯門順風圍開車去官塘道，然後從迴旋處右轉進入巧明街約一百米的某某工業大廈裝貨。大廈的停車場設在地下層，下斜坡時非常緊張，我把剎車，香港叫"迫力"（brake），踩得當當響，還算是順利地把車倒進車位。裝完貨，拿了貨主在香港及內地的地址資料及貨物清單，慢慢的開上路面，總算鬆了一口氣。

因為開小貨車送過貨，練就了熟路。很快通過大老山隧道進入吐露港公路到達文錦渡。把車停在等待過關俗稱"大球場"的停車場，吃了飯，買兩個麵包和礦泉水，更重要的是買一條醒目的像藍球比賽的裁判掛哨子用的紅藍黑黃等顏色的寬纖帶，然後把車匙扣上再掛在在脖子上，不會造成車匙鎖在駕駛室的窘境。一天上下車多次，方便很多。倘若是在內地與師兄相遇，也有個標識，客客氣氣相互幫助。

經過師兄指點，做好了香港及大陸的兩份過關功課。香港過關很簡單，只要提供公司兩邊的地址電話及貨物的出口證 (有紡織品才需要)，返港也大致一樣。

運輸公司特地安排最簡單的俗稱"雞籠單" (意思是想吃雞就伸手從雞籠裏抓一隻出來殺) 工程給我，雞籠單也就是集中報關單。香港公司要進原料上大陸工廠加工，就撕一份四聯單下來，由報關人員填寫，蓋好相應的印章，即時就可裝貨上大陸工廠。那時侯大家都知道一個詞"來料加工"，在大陸加工好的產品，大陸廠的報關員用同樣的相關手續把成品送到香港公司，由公司安排貿易貨運。

有師兄指點，功課做得很到位。這時運輸公司的牌頭橢圓型的圖章就必須蓋上去並司機簽名。很幸運，沒查車。出了文錦渡兩地海關，又問了一下師兄，取道北環路。那時還沒完全修建好，不大好走。再走西鄉大道，過了松崗橋，進入東莞地界，那裏有一個收費站，交了 15 元過路費。再走不遠停在路邊再問一下路，原來我要去的工廠，長安走到尾就是與虎門鎮交界，不可上坡。大約 3 公里，走長安的這段路當時是土路，車又多，很難走。

好不容易找到這家廠，把車靠好在裝卸臺，讓廠家安排工人卸貨。鎖好車門，揹著命根子的小背包去近處餐廳打飯。我們不叫吃飯，叫打飯，或許有化緣或不規則吃飯的意思，我叫了兩個炒菜及兩瓶啤酒獎賞自己。

回到工廠，向負責人要了承運單以便交回運輸公司日後收運費。這趟 10T 車的運費是 2200 元，我們司機抽 30% 作為工資，也就是說，我可得到 660元的報酬，也算可以了。

封車關

第二趟車是封關車。趕鴨子上架，公司安排工程有時有困難，硬抓我上路了。在附近的長沙灣裝好貨，拿了資料，知道是上文錦渡封關，去順德拆關。我本人並不害怕，俗話說船到橋頭自然直，畢竟是在大陸長大的，又當過兵 (紅衛兵)，心態很好，適合這種環境的挑戰。

這次，又順利地到達文錦渡口岸。申報合格後，海關人員發一條鋼絲螺給我加鎖在密斗車唯一的鎖眼上，封關程式就算大功告成。出了文錦渡，跟在要去順德的師兄們的後面去東莞北柵喝酒吃飯。一般來說我們不會刻薄自己，結賬是 AA 制，我非常欣賞這行規。

過虎門南沙港輪渡，直奔祁福山莊順著師兄指示往大道朝南的方向駛去。走不多遠，看到一個海關標誌的牌子，大喜過望，把車開進關場。人也累了，鑽進駕駛室後面的床就美美的睡了。日上三竿，九時左右醒來趕緊下車去找報關員，一打聽才知道搞錯了，這裏是陳村海關，容奇海關才是這廠家可以辦理拆關的海關。

那時沒有手機，都是通過傳呼機間接聯繫。我按報關員指引，駕車再南下，過了一座大橋，下車問路，終於把車開進容奇海關辦理拆關。

這一趟車運費大概是 3200 元。拆關就是當地海關人員核實報關員呈報的資料，然後嚴格核實口岸海關在密斗唯一的後門鎖上的有號碼的鋼絲螺。一切無誤就剪斷鋼絲，車門就能打開，也叫通關。如果是貨櫃車的孖公仔（兩個 20 呎）就必須由海關分別鎖上兩條鋼絲螺。文錦渡、皇崗以及沙頭角等口岸海關只辦封關，不辦拆關，只有需要查車（回香港）才會核對鋼絲螺號碼。鋼絲螺的結構是這樣的，大概長 20 厘米的鋼絲的尖端是一個箭嘴形連着，底部是一個 2 厘米長的鋼螺，螺底部有一個孔，把鋼絲的箭嘴倒插進螺的孔裏，就再也拔不出來了。

在容奇海關辦了拆關手續。報關員坐上我的車，她指路，很快到達廠裏卸貨。剛好是晚飯時間，負責人很客氣的招呼我跟他們一起吃"小灶"，真正品嘗了順德人的舌尖風味，太好吃了。

用廠裏的電話打一個去香港深水埗交代行情，並接到新的工程，是順路去深圳公明鎮裝貨，集中報關單。這種單，也叫直出（進）單，一車可裝多家貨，只是你在做功課時要一聯單一聯單的用釘書機釘好，免得海關人員凶你，甚至把你打發去查車，查車很麻煩又耽誤時間。

從容奇回程，走陳村老路，祁福山莊，然後來到虎門渡。那時侯交通環境還差得很遠，還沒有江澤民題字（為了江山永固）的虎門大橋。車輛只能靠大船運載。排兩條龍上船，香港車司機可通過對講機"報料"知道是左邊還是右邊的車龍放車速度快，不會吃虧。把車開上大船，熄了火，下車來活動活動，聞着從海上（珠江口半鹹淡海水）吹來帶點腥鹹臭的海風，精神上，這時是最輕鬆的。

　　大船靠彼岸，真正的虎門之地。歷史上民族英雄林則徐就是在這個地方焚燒茶毒中國人的英國鴉片，真是大快人心。這是一個民族英雄的事蹟，留芳百世，我們崇敬他！

　　車一輛接一輛的開上陸地，我跟在師兄的後面抵達北柵鎮，這是中港司機過夜消費最熱門的地方。

　　停車場很大，都可以得到免費停車及洗車的服務，又相對的安全。食府、食店、酒樓及西餐廳滿街林立，食品很豐富。海鮮河鮮，魚蝦蟹鱉，山珍野味，牛排豬排，應有盡有。只要你想吃什麼都能得到很好的服務。如果幾個師兄一起合起來吃飯，更豐富多彩，更加物有所值，結帳 AA 制。

　　第二天開車直下深圳，經過長安鎮，交了過路費 (15 元)，上松崗橋。過橋左轉，有一條道路直通公明鎮，找到這家廠裝好貨，運費 1800 元。這次已經沒有那麼徬徨，有點熟練的作好功課，揮車南下，直達香港九龍卸貨。晚上開車回順風圍的家吃了預先叫老婆煮好的高麗菜（包菜）飯，金針菜（黃花菜）湯，感到還是家常便飯好。

　　就這樣邊學習，邊磨練地穿梭在中港兩地的路上，路越走越熟了，車也越開越老練了，過關也越過越精靈了，收入也慢慢增加了。這樣，開著大陸10噸車在公司幹了三個月左右，老闆為了公司的需要，把這架欽州華發車連司機轉讓給同道中人經營。

浪跡天涯

這個新老闆，外型彪悍，人也爽快，入行早，他自己開著一部拖頭跑肇興、三水四水這些地方。他把這部車交給老朋友"大田雞"陳先生負責打理，大田雞是這行的老行尊，在沙田設公司，他有很多大陸客戶，自己的車做不完，就招一些單頭車來做，抽運費的 5% 作管理費，非常公平。

他的車技很了得，可以不踩離合換擋。很多單頭車司機都與他掛鉤以取得較多的工程來經營。這期間，我跟在他弟弟"小田雞"，及"一陣風""無影腳"這些師兄後面，在珠江三角洲很多的地方留下腳印。經常走的是肇慶、開平、鶴山、樂從、勒流、三水、四會這些地方，就在有海關的地方辦理拆關或封關。

跟着師兄跑了幾趟素有廣東石都美譽的雲浮，現已建市。雲浮市在肇慶市的西部，距離六七十公里。那時期正值修正規大路改善交通，青黃不接，路基已好了，等待填路面及倒水泥，路面一波一波的，坎坷非常。師兄們開車經過這些路，差不多是半蹲著開，象策馬一樣的姿勢騎車，不然屁股受不了這樣的顛簸。

跟在這些單頭車 (車主兼司機) 的師兄們走南闖北穿梭在中港的運輸線上，這段時間是我跑中長途從而得到最佳磨練之時。除了特長途沒跑過，珠江三角洲盡在腳底。熟路及經驗都為以後的司機生涯打下扎實的基礎。

這裏也記錄一下自己的糗事：有一天在旺角彌敦道碧街裝貨上從化，一切相當順利，車過東莞與廣州的地界交界的中堂收費站，就不知怎麼走了。當時還沒導航，就打開廣東地圖，最後選擇右轉行駛，經過一條土路，越開越覺得越不對勁。剛好對面來了一架中港車，我趕忙響號求援，下車攔住師兄問路。師兄笑著說：你走錯了方向，去從化一定要越過廣汕公路，然後再往北走。我說聲唔該，調轉車頭，尊照師兄的指引追路牌，再跨過廣汕公路，沿著一條不大的水泥路，邊看路牌邊問路，最終來到這個山清水秀的從化，找到了貨主。

倘若那天沒碰上師兄，將先到廣州再上從化，多走彎路，我就是這樣的大無畏開車。快樂、浪漫的片斷交織在辛酸苦辣的中港車司機生涯，沒有遺憾，是自己要走的路，很執著。

93 年年初，因為經營不是很順利，沒有太多利潤，大舊決定把車賣給別人經營，我要再找工作。甩了証，也就是把全部證件上繳大陸海關及車管所這兩個部門，司機就會在車管所拿到一張“回執”。這張回執很重要，以後你有機會再上路，就憑這張回執領回車管所幫你暫存的大陸駕照，重新出發。

在這裏記錄一下因中港運輸繁榮而難以忘卻的四條“風景線”。

一：淩晨時分上廣州方向的師兄，會快速沖禁令，把
　　車通過禁令路段深南大道到達南頭西鄉，這時深南

大道會出現一支中港運輸車隊的貨櫃車、大貨車、小貨車，很有秩序的快速行駛，甚囂塵上，氣勢磅礴，參與其中，很是威風。

二：間中大陸海關電腦故障，放車緩慢，就會出現兩個口岸排隊上大陸的車龍相交接。皇崗車龍排到粉嶺公路靠近文錦渡雞嶺的空中迴旋處底下，文錦渡車龍排到上水古洞甚至新田路段，一左一右，煞是壯觀。

三：跳水奇觀，當文錦渡貨車排隊回香港的車龍超過布心路，甚至泥江路時，膽大的師兄會通過對講機確定交警不在場的時刻，就在羅芳立交橋上面"虎視眈眈"地伺機而動，准備下面排隊的車龍一動，就沖下來插水，因為是從天橋上俯衝而下，也稱跳水，考觀察力及駕駛技術，安全及沒有水花（痕跡）才算是高手。

四：罕見的兩個口岸同時排隊回港的車龍。曾經參與及目睹：文錦渡口岸最長車龍是過了泥崗路直至北環路。而皇崗口岸的車龍在將進入皇崗大道時，硬生生的變成兩頭蛇，形成倒"Y"形；一條蛇尾在泥崗路，另一條蛇尾排到北環路的香蜜立交底下。

　　由此可見，當時的中港運輸車數量很多，體現了中港兩地的繁榮。並且，有一些人正默默地付出，促進中港兩地的經濟發展，他們就是不應該忘記的對社會有貢獻的中港司機。還有許多中港師兄們的精彩片斷，不能盡錄。

相安無事的兩年

我平時是買一份成報看新聞與專欄，那幾天特地多買了一份東方日報，因為東方日報的招聘廣告較為豐富，找工時非看這份報紙不可。

沒過幾天，去深水埗欽州街海壇街的一家運輸公司應聘。公司設在二樓，老闆姓陳，文化水準還可以，老闆娘坐鎮寫字樓接生意，樣子長得不錯，只是胖了點。有三部中港車及兩部本港運輸的"撈可 (LOCAL)"車，有四個撈可人員負責轉駁進倉或提貨。負責人叫鴨仔，很勤奮合作。

談好了相關的條件，例行簽了合約，工資依舊是運費的 30%。我交上車管所的回執及一些身份證影印本，地址電話的資料，讓公司上大陸及香港有關機構辦理。

大約一星期，我又上路了。這是第三個老闆第二輛車，車頭也是日本的意蘇蘇白兔仔 10 噸車。

在這家公司打工，除了一部拖頭，還有一部三磅仔走大陸。那時大多數工程是直出單，我很有優勢，可以裝三四家的貨，運轉也算緊湊，我的勤勞在這裏得到肯定，收入還算滿意。

第一次出糧，去皮鞋店買了一雙早就看中的英國其樂 (CLARRS) 皮鞋，真的好穿，其樂無窮。特別是我們這些中港司機，停車坐在駕駛室的時間多，因為是圓型口，不需綁鞋帶，真皮品質好，設計是好脫掉又好穿進去。一脫，調較後背，把腳翹在方向盤上看報紙或養神，很舒服。要"鬱"（動）車了，又能迅速的穿好，雖然那時一千多元一對鞋有點貴，但物有所值。你或許一年只要買兩對，一新一舊交替著穿，再買一對運動鞋下雨天使用，對貨車司機而言就相當完美。我至今買皮鞋還是選擇“鞋王”其樂這牌子的皮鞋。

在新榮公司出了幾次糧，經濟上也較鬆動。剛好華利車已舊要換車換牌頭，我可休息十天左右。事頭婆鼓吹我去旅遊，我欣然接受。她很主動幫我聯繫好一家旅遊公司，一切費用待公司出糧時再結算。何樂而不為呢，我第一次一個人去泰國這男人世界玩了幾天，感到世界很奇妙，有待多出去玩玩。

較新的龍騰車出來了，相安無事的又幹了幾個月。由於這一行業競爭大，公司有些柯打（訂單）慢慢流失，物流不能達到飽和狀態，這就直接影響公司及司機的收入。95年上半年，我被公司解雇，俗稱炒魷魚，“卷起”鋪蓋走人，我又面臨失業的窘境。

回顧這兩年，也過得可以。因有本港車接應，很方便。大陸有貨的重車返港若不須即時接工程，放下車讓撈可搞掂，自己可以輕鬆的乘巴士回順風圍待命，接到公司電話再行動。他們解雇我，我也不爭論。我想，公司有公司的難處，只要不傷天害理，按照勞工法例來處理，這是無可厚非的。

新會專線

很快找到新的工作，老闆是上海佬，上海人很精明。

他有三部大陸威盛紅牌10噸車可跑全國各省。主要的工程是制衣布料及輔料運輸到新會加工廠，然後再把合格服裝運回香港裝櫃或入倉，發往國外目的地。

　　他本人開一部同樣的 10 噸車跑運輸，我和另一個師兄上新會，他會計算好過路費及油錢給你現金上路，算得很準。大概是怕司機會在加油方面報大數，一種精明及對人不信任的態度盡顯無遺。

　　行車路線是從北柵過虎門渡，追中山方向。在三角路口右轉進入古鎮（著名燈城），再大路走江門，爬一個大坡再往下走就到新會關場，大概是這樣的。間中也有江門、珠海、斗門的零星工程可做。這個老闆比較沒有做老闆的風度，好的工程他會挑去自己做。

　　我與另一個師兄是同道中人。有時在關場的餐廳喝酒發洩不滿，酒量不相上下。新會，是出產可作"陳皮"這種藥材的"新會柑"產地，如果結伴去逛新會街道，會買兩三斤新會柑來吃，新鮮甘甜未去皮的柑會貴點，因為柑皮有專人收購。

　　在上海佬這裏開車，熟悉了皇崗大口岸，這裏二十四小時通關，但晚上十點至早上八點只開放一條海關通道，返香港必須排長龍。由於月收入只能是一萬五六左右，幹了幾個月，決定反炒老闆魷魚，不撈，劈炮！

塞翁失馬

　　結束了在運輸公司的日子，我有些徬徨。雖然離大陸車管所規定的退休年齡 60 周歲（聽說後來改至 65 周歲）為時尚早，但在求職過程中已感到被歧視。條件較好的車主，他會選擇較年輕的師兄，條件較差的，我同樣會選擇放棄。

就這樣耗著，直至有一天，我在元朗康樂公園觀棋，下彩的。這裏的棋沒有油麻地榕樹頭的高級，以前官塘裕民坊公園的棋攤最厲害。觀賞了他們的精彩對弈後，去報攤買一份成報及一份東方日報，成報是看副刊，有時會追追有同鳴的作者。

在東方日報的招聘司機欄裏看到一則新的廣告：招請行走大陸司機，有工作經驗，克苦耐勞，有大車牌 (19) 年齡 50 以下，待遇從優。有意者請電 (號碼) 與陳生聯繫。看完之後，自認條件俱備，就去酒樓打電話，那時只用傳呼機間接聯繫，沒有手機 (大哥大)，約定明天上午在上水的"玻璃屋"面談。

第二天我去那間茶餐廳和老闆接洽，駕輕就熟，他驗完我的證件，認為合格。可能是看到我忠厚老實的樣子，他很快讓他本來開這部大貨車的死黨超仔下馬，因為這師兄考上 20 牌 (掛接車輛) 後，不想撈了，整天要脅他。這是一輛 30 噸大貨車，4 軸，可裝載將近 50 立方貨物的密斗車。淺黃色車斗噴上公司名稱，非常醒目，當時文錦渡大概有四五部 30 噸大密斗貨車，但樂 (從) 港志生較新，車頭又是白軒勞 (新款 HOLOY)，所以非常醒目。行走在路上，師兄們都會刮目相看，不是吹牛的，同時也給我自信。

打大單

80 年代末 90 年代初，大陸房地產蓬勃發展，大家爭相買新房子住。有錢人會豪華級別裝修，高級地氈及牆紙等材料就必須從英國、義大利及法國德國等歐洲先進國家進口。而香港是低稅的轉運地，設有很多的公司專營這些高級材料，很成功。較有名的有榮氏、麗娜、國際美高、超藝、惠來、鐘氏、恒基、泛利等地氈公司。牆紙方面有多正牆紙、天地、新永明、開利、恆藝行、捷成等公司。

1996 年中，我駕著最大級別的密斗貨車穿梭在這些公司裝貨上大陸，工作很緊湊，富有挑戰性，工資相對很高，每個月可達四萬多。

現在介紹另一種報關方式叫打大單，師兄都戲稱"打大釘"。這種過關單是由依附在大陸報關樓的報關公司臨時按客戶呈報的資料在海關申報。海關批出一份貨物清單及征稅單，同時注明運輸公司牌頭及大陸車牌號，一切符合方可。用這種方式通關，可提前兩三天申報，一申報就無從改變。

我的老闆阿肥，特別會經營，務求把他的四五部大陸車都有很好的收入。那時期我這部車的運費訂得很高，香港至深圳，不出二線，單程運費是 2600 港幣，每多一個地方裝貨加 200 元，到廣州的價格是 4800 元。

最佳的工程安排是早上在香港冷凍庫裝食品之類的貨上深圳，下午趕回香港再裝一車地氈上廣州沙河卸貨，這一天最關鍵的時間點就是晚上十點。十點文錦渡閉關，你必須在閉關前過關，速度就是靈魂，時間就是金錢在此體現。出了文錦渡大陸海關，你自由了，可悠閒去喝啤酒吃飯，慢慢來，廣州沙河的地氈公司隨時都有人幫你卸貨。

從文錦渡進入北環路經過西鄉大道，轉進九圍路口上廣深高速，這是中國第一條高速公路。香港工程科學院院士胡應湘先生設計並投資興建，有膽有識，勇於貢獻社會。

　　由於走高速路，一個多鐘可到達沙河。停好車在公司，卸貨大概要一個多鐘頭的時間，我會出去吃點東西減減壓。公司有保安看守，這種環境不需要帶證件包出去。

　　老闆工程抓得很緊。如遇到早上要回港裝貨。卸好貨必須趕回皇崗口岸排隊回香港，不可耽誤。有時也接第二天在廣州附近的封關車工程，但很少。如沒有工程安排，就回文錦渡，把車停在車場或天橋底，並把後面車門打開，表示本車正在"釣魚"（招攬生意）。

　　總之，自從開上了這部樂港志生，不怕沒活幹，我的收入增加很多，工資穩定。我心中暗自慶幸：此處不留人，自有留人處。多虧了伯樂相中這匹"千里馬"，勤勞、守時、不計較是我最大的優點。設身處地的替別人考慮，少做一趟車，少賺幾百元而已，是小事，但車主就得損失兩千多元，這就不大好，所以我盡力而為。

　　也曾經做一種叫"退稅單"工程。這就反其道而為之，海關查車，是查你有沒有裝夠貨物。比如你報100箱，而你只裝50箱，這就是作弊，要處罰。少查車是衡量一個司機道行高與不高的標準。中港司機都有對講機使用，公海頻或私頻都能派上用場，一看出關機會成熟，"潛伏"在通道兩邊的師兄們會"自相殘殺"，相互"插水"（插隊）。插水膽大心細，個個訓練有素，把車的倒後鏡找機會插進前車的倒後鏡前，再慢慢磨進去，並舉手示歉，"鳩占鵲巢"。這位師兄雖不樂意，但怕惹麻煩，通常會讓步。過了大陸關，因為是紡織品，在香港海關你必須有一張出口證 (licence) 才可以過關，貨主會通過報關仔連報關單一起發給你。

卸貨地點通常在沙田馬鞍山的一個貨櫃場，過車裝進貨櫃。過了兩地海關，師兄們在吐露港公路暗地較勁，按照進貨櫃場的先後次序卸貨。這很公平，不會發生不愉快的爭執。這個晉江老闆平時有很多貿易徵稅及退稅單，卸完貨直接收現金，所以他的工程是很吸引人的。大多是南方運輸公司的師兄做，很多師兄都是福建晉江人。阿肥是南方運輸的招牌人物，所以有他的份。

為了能盡量排滿每部車的運作，阿肥有時也"大材小用"，安排我的大貨車在清晨五點多在文錦渡裝三幾噸的冰凍魚送到香港的魚欄，這些冰凍魚大多是從湛江來的，經常是在長沙灣魚類批發市場卸貨。做完這種工程，整架運輸車臭熏熏的，要趕緊上大陸洗車，方可再接下一個工程。阿肥很小氣，洗車費夥計自己掏，這不合理，但次數不多就不計較，他也是想把車的日程表盡量填得沒有空白。

這部總重量 30T 大貨，有時去葵涌光輝冷凍庫車一些食品，飲料、牛排豬肉、凍雞三文魚，林林總總，冰凍貨很結實，很沉，很容易超載。超載若被交警抓到，就要遭到扣分，再上法庭及交罰款。

芒果專車

老闆結識師兄，獨有一項工程，組織 30T 大密斗車在香港裝芒果上大陸。我們清晨四五點在葵涌貨櫃場或油麻地果欄附近櫃場裝貨，每部密斗車剛好裝兩個 20 呎的貨櫃。

　　怎麼不直接裝一個 40 呎的貨櫃呢？這裏有個小學問：芒果是菲律賓盛產的水果，貨櫃船到港，需時幾天，如果把果實裝在 40 呎就會加大催熟效應，發熱過度，到港再轉運大陸就較難處理，所以就要用 20 呎櫃來裝。

　　打開櫃門，可以看到一箱一箱芒果有規則的留着空隙，讓空氣流通，達到預期保鮮效果。裝好這 30 噸左右的芒果，加上車身有 45 噸左右，乘著天剛亮，開到文錦渡排第一行或頭車。大球場大概劃有二十幾行的排車線，為什麼要排頭車呢？因為 8 點一到，阿蛇（值班員警 sir）就放車，一架接一架魚貫挺進，頭車有機會插水，爭分奪秒過香港大陸兩關。

　　時間尚早，我們會坐在駕駛室做完全部功課。包括香港 4 聯單的海關載貨清單（沒貨就填空車），大陸的載貨清單 (司機紙)，填回鄉證副頁，填黃本，也就是司機簿。填藍本是因為芒果必須植檢，就像小學生準備要交給老師的作業一樣認真，避免受懲罰。

　　大球場左邊食肆林立，咖啡奶茶，飲品多樣。還有各式各樣的公仔面、米粉、河粉，配上午餐肉、火腿片、煎蛋、牛肉、牛丸、魚蛋、蘿蔔、豬紅、咖喱味的 …… 總之，不會讓你失望。剛出籠的蒸排骨飯、鳳爪飯、鹹魚肉餅飯、窩蛋牛肉飯、最熱門的是北菇蒸雞飯，又飽肚又實際。點心方面也挺多：蝦餃燒賣、山竹牛肉、牛百葉、鴨腳紮、鮮竹卷、各式腸粉、叉燒包等，可以說應有盡有。

一出大陸口岸，就要馬不停蹄直上南海。所以我經常一杯熱鴛鴦，一個排骨飯作早餐，順便買兩個麵包一瓶礦泉水一份成報上路。一切就緒 8 點正，文錦渡開關，過了香港海關。8 點半來到西場的植檢部門，報關馬仔會叫我們打開車門，每車拿下 5 箱芒果檢驗。把守國門，防止疫癥病毒病菌帶進內陸，責任重大。與此同時，檢疫人員會在我們的藍本蓋上一個小小的藍印表示檢驗合格。

檢疫完成，再過最後的海關，從布心路泥崗路進入北環路，西鄉二線是首選。過了西鄉，進入九圍收費站取卡上深廣高速去南海，這時候把對講機調到公海頻聽聽師兄在吹水。大部分都是放空炮，威水威水，提提精神。因為是重車，又有點路程，踩油門的右腳會酸痛，師兄們會 "無厘頭" 地討論是否可拿一塊磚頭壓住油門，減輕腳的負擔，結論是不安全，不合實際。

到達南海（有時花都）水果批發市場，由接收的批發公司統一指揮，先到先卸，卸完即收伍仟人仔，留貨過夜多收兩仟。這時，眾多的小商小販會派一架架三輪車來取貨，好像有點亂哄哄的，但他們有他們的行規，肯定不會錯。

太平服裝

肥老闆因為有四五部中港運輸車，可以勝任多種業務。他又聯繫到了一單較大的運輸服裝生意，在南海或花都卸完芒果，第二天凌晨三點左右在東莞的太平裝貨，速度很快，效率很高，把車裝得滿滿的。裝好貨就下來口岸文錦渡等出關。八點多，報關仔會來到車場交給你報關單及出口證。一般來說十點多就來到深水埗楓樹街靠近大埔道那裏等待安排卸貨。

卸完貨轉裝製造服裝的布匹及制衣輔料上文錦渡封關，再上太平海關拆關。這種工程叫雙程，運費是 15T 車單程 2600 元（10T 車 2200）的 1.5 倍，即 3900 元。碰到多一個地方裝卸貨就加 200 元，通常都會超過 4000 元，真金白銀，不拖不欠，這是最理想的經營手段。

從替阿肥打工，開上這部樂港志生，可以說是日以繼夜地工作，二十四小時都處在戰鬥的狀態。有時在順風圍的家調整一下，晚上吃個可口的家鄉飯菜，自個兒喝幾支啤酒，享受天倫之樂，但這種機會並不是很多。

也曾經在凌晨兩點多熟睡時，接到電令：上太平裝貨。雖然心裏不情願，但職業操守驅使我爬起身來，老婆幫我打點行裝，我必須快速從皇崗這個二十四小時通關的大口岸過關（上大陸不必排隊），再上廣深高速上太平，一樣的在早上十點多就已在深水埗卸貨了。這就造成精神與體力的透支，埋下病患危機。

錦上聯城

文錦渡聯城酒樓是一間規模較大，地理位置適中的消遣好去處。在西場報關樓（出口貨物）對面，老闆是潮汕籍的香港人。1-2/F 是飲茶吃飯的地方，3/F 以上設有卡拉 OK 及健身按摩房兼住房，管理得井井有序，撈得風生水起。這裏製作的點心及小菜很有水準,早上時分,師兄們就坐下來喝茶,不一定是熟絡的,反正是 AA 制。先離開的師兄會放下一二十元在枱面,讓後來的師兄埋單,這成了規矩。有時侯碰到整班師兄彼此很熟的,反而個別人會"借尿遁",借上洗手間溜了。這是很可笑的,我從不會這樣做,並經常會請客埋單,在這方面,我很大方,大概是在福建老家就已習慣。阿肥大把錢,卻很小氣,畢竟是開 3 磅仔起家的。

晚上如果是在文錦渡租酒店過夜,很多地方可以選擇。東報關樓(進口貨物)那邊的酒店也是我們光顧的地方,一般是 4 個人合租一間房最合理,經濟實惠。把床褥拖到地面,兩張床變成四張床,AA制,一人幾十元,很合算。

阿肥出了一部 24 噸(大陸稱後八,12T)的白色新軒勞自用。花了不少銀兩裝飾,車頭兩側用優質的不銹鋼做防盜護欄,亮閃閃的。車尾安裝了可伸縮的鋁合金裝卸尾板,輕便好用,貴價貨。老闆把車保養得非常乾淨醒目,有時甚至會看到他用指頭醮著口水擦掉擋風玻璃上的小污點,愛車惜車的程度由此可想而知。前些日子出糧,我們必須開車去粉嶺坪輋他老家,坐下來拿出司機簿一頁一頁的核對,比上海人還精明。但運費公平,自從開上了這部靚車後,車頭就成了他的寫字樓,兩部一中一港的手機,指揮 5 部中港車運轉如流,"欽敬欽敬"!

阿肥最大的缺點是脾氣非常暴躁,人品極差,和他通電話粗口連連。我若跟他通電話,聽到他開始撒野,就把手機從耳邊取下放在褲兜裏,悠閒的等待三分鐘,然後再接著與他通話。這時已聽不到咆哮，有點靜，我平和的問老闆有何指示，他無可奈何，安排工作。這叫魔高一尺，道高一丈，誰叫他仗勢罵人呢？但接到指示，不管運費高低，工程好壞，我會盡責完成。主雇的關係是相互利用的，誰都離不了誰。

紅牌魚翅

　　1998 年在巴黎舉行的世界盃已進入尾聲。中港司機是最熱衷這項運動的群體。賭球的、看球的、有機會就坐在電視前觀賞盛事。賽事將在凌晨三點多舉行最後一場的冠亞軍決賽，觀看四年一度的世界盃，是我自認為人生必須觀看的賽事，更何況是決賽，非看直播不可。那天晚上在廣州沙河卸地氈，兩點 15 分一卸完，馬上驅車從高速路趕回北柵。車能開多快就開多快，大貨車極速也是 110 公里左右，阿龍已在西餐廳喝著他最喜歡的咖啡，等著我一齊觀看球賽。

　　我趕到時，賽事已進行了 12 分鐘，慶幸尚未破門，沒有漏掉精彩瞬間。球賽進行一半，法國隊率先攻破巴西球門，眾球迷都希望比賽會升級，更刺激更好看。但足球王國的巴西，仍然處在挨打的被動局面。著名前鋒羅那耶多像半殘廢，失去了武功，而占主場優勢的法國隊中場靈魂光頭齊達內卻越戰越勇。

　　下半場，又為法國隊再進一球，巴西隊大勢已去，回天乏術。球賽還未結束，大部分球迷悻悻然離開，我默默地走到停車場上車休息，心中就這樣不快地過了好些天，這似乎是場不公平的比賽。

紅牌，是足球場上裁判從口袋裏掏出來向著嚴重犯規的運動員出示，把他趕下賽場，同一局比賽的同一人，兩張黃牌加起來同樣和一張紅牌嚴重。

　　魚翅，價貴物美的食物，通常出現在盛宴上，讓客人吃得津津有味。這兩樣風牛馬不相及的東西，我在同一天品嘗到了。

　　記得那天中午，一慣吝嗇的老闆請我在聯城酒樓吃飯，一人點一盅紅燒翅吃起來。說實在話，我平時也經常自己來吃過，也很是平常，感覺還是銅鑼灣利舞臺與葉友強打麻將時，16/F 的潮州雞燉翅好吃。

　　吃完中飯，對了，記起來了，那天是星期天，口岸的車流人流很少，司機很清閒。這時，阿肥要我去沙頭角口岸幫他拿一份報關單之類的文檔回來。因是他的私事，我斷然拒絕，他也算明理，沒發火，平和的說你後天擤低（放下）車匙吧。我也很平靜，大家默然地站了一會兒也就各走各路。兩天後，我離開了這間沒有名字的公司，告別了和我混熟了的樂港志生。

供車初始

　　1998 年 8 月份和阿肥拜拜之後，我回到順風圍過着平靜的日子。

　　我照樣像以前那樣，去元朗飲茶，到公園觀棋或奕棋，或買一份東方日報看招工啟事，尋找就業機會。有一天說來也巧，一個很早也是阿肥夥計的阿華打電話給我，要我與他合作，續供一部在財務公司斷供了兩期的 24T(後八) 貨車，他向我保證有足夠的工程做，而我只要拿出 5 萬元左右就能搞掂這件事。

阿華我本認識，在當時的處境，決定與他合作。我先支付了三萬多元的三期供款（11500 元一期即一個月），把車從財務公司的扣車場開出來，在文錦渡車房噴上"茂（名）港運輸公司"字樣在車斗兩側邊醒目的地方。車頭是舊款的紅色軒勞，紅藍間白的車斗，整部車重新噴過，亮堂堂的，看不出是斷供而被扣在停車場兩個月的痕跡。

這之前，也搞了過戶手續，因為永享財務已不讓阿華及他的合夥人續供，信用危機是也。我又再墊支兩萬多給永享財務，這裏，我要感謝一個人，輝哥，他伸出援手，用他公司的名義作擔保，完成了這部車的交接，我做了這架 24T 貿港運輸車的正式車主。

阿華很勤勞及儉樸，這是他的優點，或許是客家人的本性。他擁有一些客戶，由於勤勞，在文錦渡也有一些散客戶可做打大單的工程，但收運費時，貨主就推三托四，一拖再拖，應付了事，他不會窮追猛打，所以很多客戶的運費收不回來。

由於不善理財，造成資金周轉不靈，口袋經常"空空如也"。本想可以領回工資，但讓我非常失望，或許是聽慣了貨主的答復"再等幾天"而用來敷衍我，我只能苦笑。因為大部分工程款都是他去結帳，工作時我是他安排的，除了收運費不到位，他把大部分金錢花在其他方面。我現在也不想批評他了，人各有志，他付出了沉重的代價！

這樣一個月一個月拖欠下來，我真是欲哭無淚，欲笑不能。雖秉性樂觀，但現在可樂不到哪里去了。我除了要完成他分配給我，但對於我來說是完全沒有意義的工程外，我必須做一些天橋底下的釣魚工程，收取一些現金，維持個人的生活費及加油費。做阿陳或阿廖的地氈工程也是可收到現金，但那時候這方面的工程不多，所以幫助不大。

每當到了供車的日期，就感到特別難應付，因為已是名符其實的車主，如果再次被財務公司扣車，後果將很嚴重，投下去的 7 萬多元將付之東流。我無論如何也必須每個月把一萬多的供車款交到元朗大馬路靠近又新街的永享財務。此段時間，我在泥潭中掙扎，雖然痛苦，但也總覺得自己是一車之主，會有轉機，會有機會來臨，心中理念不息。

殺出重圍

由於阿華經營不善，造成了經濟危機，怎麼辦？鋌而走險吧！走私不果，被海關抓獲，關進梅林看守所，命也！

運也！他留下來給我很多工程，其中最重要的是沙田有實力，信譽良好的港源公司，在九江及東莞有制衣加工廠，我必須積極承接，保護好這個資源，從而用這個主力帶動其他小工程來求得發展。因為欠下財務公司兩期供款共 2.3 萬元及先交茂港公司 1 期的牌頭費（6500 元一期），我從家鄉調來 5 萬元人仔（利息 2%，每月 1 千元），處理好供車，口袋裏還有余錢，人也就精神煥發，有自信，打牌喝酒吃飯或消遣就方便自若了。

有一天我從沙田客戶運一車布及制衣輔料上文

錦渡，為貨主著想，自作主張及時處理好報單資料。過了一段時間，我把工程越做越好，相互理解，真誠合作。我的勤勞及誠懇更加得到肯定，曾經有人想搶我的生意，都被老闆回絕。

沙田港源有時一天要同時用三四部車，這就比較難辦，我的後八車是主力，剩下的要靠廣州朱仔叫車。朱仔本是阿華的馬仔，熟頭熟路，每部車朱仔抽一百元。因為運費訂得高，我仍然一部車有 3 百元的差價可入袋，如果是做九江的來回封關車，差價在 5 百元左右。當時打大單及退稅單大行其道，西報關樓的馬仔有時侯會把守候在天橋底下的釣魚空車全都刮走，非常可怕。碰到沙田要兩三部車，就必須提高運費，把需要的運輸車搶斷過來服務。這就是重金之下必有勇夫的道理，在風平浪靜的日子，我們穩坐釣魚臺，獲得有這種沙田客戶的優勢。

因為尚欠債，我很勤奮能吃苦。記得某一天，開着吉車（廣東話空偕音凶，不吉利，所以不叫空車）上文錦渡準備釣魚。車過文錦渡，接到港源電話，有一車九江的貨，下午必須趕回沙田並櫃。我二話不說，調轉車頭，真奔沙田火炭，接過（拉繩）進口證，又馬不停蹄的過關，再上虎門大橋直奔九江，只在南沙加油站加滿油及買了一瓶礦泉水。

在服裝廠裝完貨，也顧不及吃飯。報關員與我一起去九江海關報關，下午三點多封好關，快速南下，直奔沙田，五點多完成了這次任務。回到順風圍才吃老婆的炒米粉及煲湯，二十四小時只喝了一瓶礦泉水，也是平常人做不到的。

憑着我充沛的體力並經營有度，我慢慢地脫離泥濘沼地，抽身上岸，拍拍身上的泥土，吸一口清新的空氣。我自由了，理想的職業由此開始。

牌頭公司辦事處老闆娘打理，人也好，經過協商，她同意減輕阿華留下欠數一期，也就是一個月的牌頭費 6500 元。既然她通情達理，我也很有信用，打乎供款，直至正常。擔子越來越輕，再努力幾個月，又把從家鄉借來的 5 萬塊錢本利還清。我喜歡這樣的借貸方式，省得欠太多人情，盡量避免就是。

脫離苦海

這時侯，阿陳的地氈及貿易生意越來越多，他要經常叫我的車。阿陳很誠懇，承諾能給我中等以上水準的收入，後來他沒食言，我要感謝他。

我慢慢把沙田這個上好客戶無代價的讓給一個老拍檔崎昌師兄來處理。就像打太極拳一樣，重心必須在腳法上轉換。我選擇專車做阿陳的貿易工程。說實在話，做沙田工程，壓力較大。一是繁忙時叫車較難應付。二是查車，不可不知，制衣加工，海關是能輕而易舉的查出貨與單不符的地方。你必須解決，碰到急貨要趕下去香港交櫃，就更麻煩，不能依時裝櫃的，通常是用空運，乘飛機追上去。成本增加，這是所有的商人都不會樂意。

我權衡利弊，決定把精力全部放在阿陳及阿廖的貿易工程。他們所做的就是幫客戶報關，在海關交完稅，完成通關手續。承運的貨品主要是高級的裝飾材科，最常見的是地氈。

地氈又分長氈及方氈，長氈又有 4 米和 3.66 米寬兩種。結實的卷在 10 公分左右直徑的紙筒上，變換成 4 米及 3.66 米長的梱狀。裝卸時，工人在叉車前換上一支大約 8 公分直徑，長度兩米多點的實心鋼，頂部有點像炮彈頭形狀，把鋼炮頭對準紙筒的圓心順勢插進紙筒的圓孔，然後叼起來裝到車上。卸貨時操作大同小異，不再論述。這種梱狀地氈的直徑都在幾十公分至 1 米左右，總長度按作業的場地而定。因為通常運輸的是一梱 3.66 米長度，所以密斗車最少要加長到 7.5 米，方可前後各放一排。

　　方氈有大方及小方。大方氈是正方形的一平方，小方氈是 50×50 公分規格。換句話說：4 小等於一大，很好計算。規格大體是這樣，質料就很考究，有高級的羊毛氈和普通的化纖地氈。這兩大類又分很多等級，這裏我只是略談，最貴的是手織氈，地氈廠按照客戶的圖樣，人工編織，符合場地的要求，力圖"天衣無縫"。

　　牆紙也是從歐洲很多先進國家進口到香港再轉運上深圳，都是貴價貨。潔具包括洗臉盆、坐廁、感應小便器、水龍頭、花灑等。大的有浴缸甚至按摩浴缸，只要你有足夠的想像力，又有足夠的銀兩，我們將很樂意為您服務，一件件運輸上來奉上。義大利的配套高級家私最為講究，每一件都有編號，缺一不可，上下車都特別謹慎，這些都是有錢人的玩意，我們只是搬運工。

　　膠地板及木地板也是主要的運輸裝修材料。燈具、傢私鎖、門鎖、五金配件也有人經營。後來上牛皮、汽車臘、油漆、變頻器、變速器、家用開關、小臺的機器，可以說是包羅萬象，五花八門的貨品。只要你有需要，都可以按正常的報關方式報關，審核後交納稅款,然後放行,到達大陸的千家萬戶。

在深圳特區經營的建築材料公司很多,且實力雄厚,大部分是潮汕地區的阿陳老鄉。他們經營這些材料,規模很大,較有代表性的有麗中、伯仲、盛拓等公司。

阿陳與阿廖本來合夥的貿易公司設在惠州大廈附近,可乘電梯到達。文錦渡進口報關大廳設在惠州大廈 1/F,動植檢在 2/F,從惠州大廈越過一條馬路就是關場。如果做當天即報的工程,過了香港海關可以把車停在香港界的橋頭堡的停車場,喝著美味的咖啡奶茶,欻(享受及興趣的看)報紙,耳朵聽著對講機傳來關場的情報。出了單,報關員強仔會第一時間通知我們過橋,過邊防進關場,接過強仔遞過來的報關單,然後過海關,再前往貨主指定的地方卸貨。如不是月結的客戶,即收運費,錢貨兩清。

2000 年,久合必分。阿陳與阿廖生意越做越好,就分開來做。阿陳把新公司設在靠近出西場關口的 16/F,居高臨下,往下眺望,可一覽文錦渡交通流程。在這之後,我就只做阿陳的單,另有一部主力車(小點的)是他襟弟楊少師兄所屬,他是主力,我是後備。他小我十來歲吧,大家習慣稱我大楊,稱楊少小楊。我們分工合作是這樣的:一天只有一車肯定小楊上,兩車就一人一車,三車就兩小一大。有時會碰到兩車跑個不停,有時侯連小楊也有休假。或者大家都姓楊,我們相處得很融洽,關係很好,從沒發生不愉快。他做他的,我做我的,每個月把運費單報給阿陳,阿陳會很快把運費結帳給我們。

我和楊少互不干擾，不攀比。我心態特別好，不會羨慕有錢人，夠吃夠喝夠開銷就能滿足我。很愜意，很輕鬆，追求的理想職業就是這樣簡單！

香港精神

在香港，我們有很多裝貨的地點，最經常去的是錦上路的美娜公司，另一個是元朗公庵路的中段右轉不遠的輝哥貨運倉庫。

美娜公司只有老闆高先生及老闆娘坐鎮，另有一個勤快的萬事通後生仔夥計，老闆娘只坐寫字樓處理文檔。如果是到美娜裝貨，最好是空車，阿高及夥計只負責通過可以升降的平臺把鏟車開上密斗車裝貨，快而準。如果是最後才來這裏添貨的，要留有足夠的空間給他們。有時整車的貨都在這裏搞掂就更加好辦，司機只要把車倒進裝卸臺，兩部叉車一前一後就能迅速完成裝貨。專一車裝貨，這裏是首選，地方大，升降臺很高級，體現現代化的科學與速度。農場裏有幾棵龍眼樹，在當造時節可以任意採摘品嘗，獨特香味的龍眼，與街市大不一樣。

除了錦上路美娜公司，大部分的貨都是在輝哥的貨倉裝貨。公司有兩三部撈可車，從貨櫃碼頭提貨出來，有時入倉待用，有時即日發貨。要計算好體積，除了叉車操作，人工裝貨也是不可少的。一班工人在輝哥協調下，進度很快。輝哥一馬當先，指揮工人把貨物裝滿，有時要拆散再裝進去。這裏裝貨，講的是拼搏，也就是香港精神，技術與汗水相互輝映，締造出奇跡和效果。

當有整批的地氈、牆紙及膠木地，阿陳會與輝哥商議，把貨物安排好，待週末周日車流較少運貨。我和楊少一早就到貨倉，輝哥這班人馬裝貨很快，一梱梱的地氈，一板板的牆紙及膠木地板合理分配迅速裝在車上。輝哥很大方，這時會叫來咖啡奶茶麵包蛋撻作點心。

裝好貨，出貨倉至公庵路右轉走至白沙村小巴站，左轉過橋就能很快進入高速路到達文錦渡。因是周日，車流相對少，直上蓮塘的貨倉卸貨，這種方式，大家相互滿意。我和小楊一天有時可跑六七轉之多，這些運費直接與阿陳月結。

阿陳在 16/F 的公司，可洞悉全部流程。從香港的橋頭堡出現我們的運輸車就能全程知悉，碰到電腦查車他會下來協助搞掂，這是我們作為阿陳的貨運司機的優勢。

福建老家隔縣的安溪盛產鐵觀音茶葉，我會隔不久從家鄉熟行的朋友調來一批茶葉送給阿陳，潮汕人對茶葉情有獨鐘，皆大歡喜。

龍崗二線

我在龍崗南聯租了一個兩房一廳的單位。我的家居簡單，但起碼的電視機、洗衣機、炊具、餐桌椅甚至三千多元的海南梨花實木麻將臺也買回來了。這個房子給我快樂的空間，回味無窮。不是人人都可以追求到的，主要決定於性格及人生觀的理解。我贊同許冠傑唱的兩句歌詞：不在乎天長地久，只在乎曾輕擁有。天長地久未免太辛苦，曾經擁有才是人生之所得，不是嗎？

那段時間，如果從香港拉貨上深圳，卸完貨當天能趕回香港，我會回順風圍。若趕不及 10 點前回香港，就會把車放在車場，上龍崗南聯住所，一旦有工程，報關員強仔會第一時間把報關資料傳真到樓下的小賣部，然後通知我去取，裝貨時間及車數駕輕就熟心中有數，自信踏實。

龍崗，位於深圳市二線關外東北方向的一個地區。上世紀末，平民百姓要進入這個剛崛起的特區深圳市中心，要辦理一張叫"邊防證"的證明，方可通過二線關抵達目的地。這些二線關主要是東邊的布吉、沙灣、沙頭角，西邊的南頭、蛇口，北邊的梅林、新洲、白芒，南邊是連接香港直至國際的口岸文錦渡及皇崗。

福建老鄉及廣東沿海的潮汕地區的人們，去深圳匆匆的腳步，很多人都會選擇在這裏停下來，安頓下來，開闢新天地，創造財富，貢獻於社會及家鄉。

他們有的行街走巷跑業務，上班掙工資的，有的貿易經商，有的開加工製造廠，各謀其位，各得其所。在空暇之時，老鄉們會聚在一起，搞搞新意思，娛樂娛樂，上酒店酒樓喝酒吃飯，去卡拉 OK 攞咪唱歌，財大氣粗，歌聲響亮，盡興而歸。

龍崗地理位置優越，除了西面連接母體深圳市區外，周邊接壤北邊的東莞市，東邊的惠陽及惠州市，交通極為方便。成了江湖人物理想的落腳之地，黃、賭、毒猖獗一時。

龍崗成了中國改革開放的沿海地區蓬勃經濟發展的一個縮影，我的足跡遍及珠江三角洲的許多角落，更熟悉的是深圳，尤其是龍崗。

當時的龍崗還是一個不起眼的小鎮。橫崗離香港深圳近，所謂近水樓臺先得月，就比龍崗繁華很多。龍崗、橫崗、布吉、龍華、觀瀾、光明、松崗、福永、西鄉、南頭、南山還是各自為鎮。後來政府為了方便管理，除市區外，西北幾個鎮稱寶安區，東南部叫龍崗區，橫崗、布吉、觀瀾、龍華、坪山坪地歸屬管轄，可見地理位置優越的重要性。

福建老鄉通過幾年努力打拼，取得很好的回報，他們在此買樓，把戶口轉到這裏安居。開枝散葉，事業有成，我融入其中，分享老鄉的喜悅。

龍崗作為重要的輻射平臺，東莞市的鳳崗、樟木頭、大朗、常平都有老鄉發展業務，形勢一片大好。

鬥智鬥勇

大概是 1999 年冬季的一天，從公庵路輝哥貨倉裝貨到深圳蓮塘卸貨，很多大陸貿易公司的車已來等侯。他們卸完貨，頭頭會三幾百元給我們飲茶。碰到多家貨，這個頭頭給兩百，那個給一百，這趟車的運費就很可觀，但會較費心，多勞多得，習以為常。

下午三點多卸完貨，因為一切順利，心情很輕鬆。路過蓮塘菜市場，像往常一樣，把車停在路邊，把裝證件的包鎖在靠近離合器的一個"固若金湯"的特製不銹鋼四方型盒裏，這種箱的鎖，叫"陰陽鎖"，既使你用大剪也無從下手把它剪斷，只有電割機方可切斷鎖柄，確實是安全可靠。下車走進人擠人的菜市場，青菜特別新鮮，做一回好丈夫。

往回走的路上，發現掛在牛仔褲的整串鑰匙不見了，我心知不妙，本能的急走幾步來到車頭，拉開車門，預料中的事已經發生，離合器旁邊放著丟下的那串巧用作案的鑰匙連著開車門的遙控器。盜亦有道，我還可以用已經失去靈魂的中港車作為交通工具，開回文錦渡，銀包尚在，在聯城租了一間上等房。第一件事是通知阿陳，調整運作，也就是說我這輛車暫且不能報關，也是關切，被阿陳罵幾句，我只能苦笑。

當天晚上，雖然不快樂，知道平時的粗心，總會惹來麻煩，但還是照吃照喝照睡覺，只是把手機盯得特別緊，希望有陌生電話打進來。這是一路聰明的賊，他們可能是觀察了好幾天，設計這個成功的方案，在人流匆匆而過的同時，迅速摘下我腰間的鑰匙，然後上車取走我的證件包，成功了一半。

第二天 8 點多，這夥人打來了電話，證實了我的身份後，開始做出這樣的介紹及指引：我哋在蓮塘無意中撿到你的證件包，你如果想拿回，必須把 4 千元人仔（人民幣）打進這個帳戶，他念了一串號碼讓我抄下並核對。我趕忙把身上的一萬港幣兌換成人民幣，交進這個帳戶 4 千元，打電話通知他，五分鐘後他來電說你很老實感謝你，我現在給你一個密碼去東門某某商場開啟一個儲物箱，你想要的東西就在裏面。

我趕忙去東門用密碼打開那個儲物箱，把用黑色塑膠袋裝著的東西拿到偏靜處查看，發現少了兩樣最重要的司機簿及回鄉卡。我打電話責問他怎麼回事，他笑笑說那兩件東西是另外的兄弟撿到，你再存進兩千吧，我生氣的罵了他一聲屌你老母，他也不生氣。收線後，我也不急了，去附近餐廳吃了早餐，喝杯咖啡，再去存進兩千，根據指引再次用那個方式開啟儲物箱，證實只有黃本，沒有回鄉卡，我再打電話責備他食言。他說：你回文錦渡吃飯吧，順便再存進兩千元，保證搞掂，下午兩點多再通知你。

　　我打的回到聯城酒樓選個位置坐下來慢慢的喝著菊普茶，品嘗合口味的點心，我勝利了！阿 Q 的精神鼓舞著我，我差點點就站起來振臂高呼，最少我臉上已經出現了笑容，既使再有周折，也可以用身份證托人去香港中旅社辦快證，三天即可搞掂。

　　在聯城酒樓吃完中飯，回到車上準備休息，順便開對講機的公海頻，正好傳來熟識的師兄在空氣中相互吹水：一陣風師兄，邊難度番返來啊？乙（一陣風）：無影腳師兄，我地啱啱食裹蒸粽返來，你上邊難度呀？甲（無影腳）：我地去食臘場，靚唔靚仔？乙：好靚仔，冇問題，這時又有一個叫小田雞的師兄插進來：無影腳無影腳，我正好去爛口，送你一程可好？無影腳：好啊，我請你去大嶺山食飯好唔好啫。對講機對中遠程的師兄很重要，一可知道交通情況，二可與師兄吹水，打發時間。每個師兄都有一個外號（叫呼哂），我叫福建羊，任人宰割的羊（一笑）。地方名都用術語，盛產的食品經常是這個地方的代號：譬如上述的肇慶叫裹蒸粽，東莞叫臘味，大平叫餅乾，新會叫陳皮，惠州叫梅菜，爛口是廣州，因為廣州人粗話連篇而留下惡名，不可盡略。

又交了兩千，不一會兒，這個聰明賊（反偵探能力特強）打來電話，叫我打的去蓮塘梧桐山莊路口下車，到時會有人叫你怎樣做。我照辦，在指定的地點下車，這裏是一個寂靜的地方，往右是蓮塘鬧市，往上是一條斜坡路，右邊建有一幢幢樓房，正觀察環境之際，手機傳來另一個人的聲音說你一直往上走，再走一百五十米左右，又來電話叫我去右邊的電話亭上部的小天花板上找一下就可找到想要的東西。我進去電話亭，在小天花板上找不到，就返回公路，對著空氣，兩手攤開大手板，做了一個無所獲的手勢，樣子非常滑稽。就像三十年前，宣傳隊的前臺演員在表演舞蹈"在北京的金山上"結束時對著臺下，口裏唱著"走在社會主義幸福的大道上哎，巴紮嘿。"展開兩手向著臺下觀眾熱情致意的動作，太美妙了，只是我現在的腰沒有彎得那麼低。

這夥人，居高臨下全程觀察著我。電話再響：是兄弟搞錯了，你到下一個電話亭肯定可拿到。我往下走，在另一個電話亭的小天花板上摸索一陣子，找到一個牛皮信封。我捏了下，裏面有硬片，撕開信封，果然是我的回鄉卡，雙方都已達到目的，交易就此停止。

但這一天的經歷卻永遠留在我的記憶，就像小時候看反特片"51號兵站"裏的地下黨員機智沉著與敵人周旋，最後完成任務。他們有時甚至會付出寶貴的生命，我只是犧牲了八千大洋，敵我矛盾與人民內部矛盾差別很大。

手機淺談

話說九十年代初，流動電話大行其道。黑白兩道的領軍人物手裏握著龐然大物，聲大夾粗招搖過市，領導潮流，真的很了不起，人人見了怕三分。時代進步，科技發展，流動電話的體型越來越小，價錢也越便宜，大眾使用這通話工具越來越普遍。職業穿梭兩地的中港司機，對已被稱為手機特別關注，它關係到我們的生活質量及職業需求，特別是在手機轉型階段，師兄們坐下來吹水（侃大山）就離不開手機這話題。

最大的飛躍是中國移動的成立並迅速成長。最初是 139 再連接後面 7 個號碼共 10 個號碼組成一個客戶電話號碼，由於中國有十多億人口，扣去 139，就只剩 7 個號碼，這顯然很不夠，最後統一在 139 後面加 0，共 11 個號碼，這叫升級。像深圳市的電話從 7 位數升到 8 位數是一個道理。原來是 13929 最早期，如果你現在發現有 139029 開頭的電話，那是最早期的手機號碼。我那時用的是：13809868*** 也算早的，後來被電信取代。

我是一個不謹慎粗心大意的人，經常會丟失或手機換代而換手機，那時候辦理手機業務必須用大陸身份證，經常是謝友東幫忙。這人很醒目，象棋愛好者，是個會做生意的人。他用的就是：139029 開頭。

這裏摘錄丟手機片段：有一天下午三點多，我在蓮塘卸完貨，把車開到靠近沙灣水庫大壩的一個停車場放好，準備回龍崗老巢。時間尚早，又值初冬，天氣清涼，就選擇乘巴士，邊走邊打電話給租在隔壁套房（Ｂ室）的謝友勝，叫他約好開枱搭檔，晚上煮家鄉芥菜飯。收線後隨手把電話放在大衣口袋裏，這個隨意的動作可能讓這些"專業人士"盯上了，當我上車後走到後面的座位時，售票員小聲提醒我說：先生，你的手機丟了，我一摸口袋，手機真的不見了。我往車門一望，只見一個年輕人正從車門鑽下去，又跑過半條馬路，像跳躍高手敏捷的跳過鐵欄杆，再跑到對面馬路邊的人行道停下來，然後用右手很"焦積"的把手機舉過頭頂，對著巴士裏的我作了一個陳氏太極拳大架的白鶴亮翅動作，真漂亮，優美極了。無可奈何的我在窗口戳了一下中指回敬他，這時公交車徐徐開動，就此結束。

　　往事一幕幕浮現，酸甜苦辣幾經波折終于達成自己的理想。卻因為心臟病發嘎然而止，我再也沒有辦法駕車走南闖北，于是出現開頭的一幕，無奈之下返廈就醫。

第4章
心臟移植

換心前一年四逢盛事

2006 年，雖然身體更加虛弱，但卻是我人生中收獲最豐盛的一年。有四件盛事，分別是幸逢與自我執行。

清明時節，在廈門準備好回老家拜山掃墓事項的用品，外甥女叫大寶馬司機送我們兩老回後坑。她特地買一個大水果籃及其它讓我們帶上去。我感到很欣慰，因淮備在老家小住幾天，司機當天就回廈了。

這時春雨時下時停，走到半山腰的小路時，我已是氣喘吁吁，努力的跟隨在眾親後面，這是考驗意志的時刻，信念成了主要的動力。上去，我一定要上去，完成我的心願。平常人是件輕而易舉的事情，但在患心力衰竭病人的我卻要拼力掙扎著完成，艱難的走到東山寨側與蓮峰匯合的小平臺，休息一會兒，才感到舒暢了些。下定決心，克服困難，終於抵達母親長眠之地。天公作美，天氣放晴，真是精神爽利。有失就有得，若不是疾病纏身而退休，我今天能在此嗎？老天公正的安排我彌補這孝道的空白，我感到釋然，多年的不安減少了一點點，心甘情願。

這年夏天，四年一度的世界盃在德國舉行，我不需要參賭就可以享受這無以倫比的樂趣。雖然我喜歡的巴西隊未能踢進決賽，但我同樣感到快樂，視覺的感觀刺激及受感染的激情在心中回蕩。

進入秋天，剛結束的世界盃餘熱慢慢冷卻，為了打發這枯燥乏味的生活，我決定買一部小車。二女香港來電，朗聲說：十萬元資助老豆（老爸）買車，計劃中我再添十多二十萬元即可，老懷大慰也！資金已不成問題，應該可以觸摸到奧迪 A 6。選車過程很費神，就像選秀，美女眾多，精彩紛呈，不知道把哪一個納進來當"二春"。職業所好，最後選擇操控性能良好的天津─一汽豐田銳志，2‧5 V，前置後驅，有天窗，運動型的，所以又選擇了絳深紅色，有跑車的味道。開了三年多（執筆原稿時），證明選擇正確，性能良好。我基本上每天都與"二春"相伴，就像蜜月期一樣。

　　冬天，農曆十月十六日，這年幸逢我們山邊兜柱做六使公誕頭，九年才能輪到一次。我們這房族的人口多，經濟好，辦得非常熱鬧。兒子映亮特地從香港趕回來慶祝，宴請親戚朋友，並謝了一場大戲，下一次做頭是 2015 年，期盼幸會。

　　這一年春天上山掃墓，夏天觀賞世界盃，秋天買新車，冬天做六使公誕頭，如此豐盛的人生，大概只能幸逢一次，心中十分滿足！

換心前一年練太極拳

　　有了小銳，出行更方便，小黃介紹我到廈門人民大會堂學習太極拳，所學的套路是陳氏小架一路。師傅是陳家溝隔鄰的程家溝人氏，拜陳家溝陳清源先生為師父。他年輕時每天騎自行車去陳家溝學拳，出師後來廈門授拳。不是自誇，我打得很好。後來他特地教我小架二路（炮錘），由一路的柔，化為二路的剛，這些動作必須在扎實的一路拳練到嫻熟有內力後，丹田可以"發力"，師傅才會教你的。打打聲貫穿整個套路，很精神又過癮。

也去體育中心領悟陳恩的陳式大架一路，感覺各有所長，同樣是 74 式動作，同樣是起勢與收勢在同一個地點。分別不同是大架動作較舒展大方，小架卻簡煉含蓄，各有優勢。非常喜歡看陳家溝的陳皂森大師的錄影，表演陳式大架一路太極拳，行雲流水，賞心悅目，歎為觀止！

這時的身體狀態尚算可以。小銳陪我與老朋友楊詩文、謝友璽回了一趟深圳龍崗，并且也能在廈門與老家來去自如，平靜生活中增添了一些樂趣。

苟延殘喘之時決定換心自救

2007 年清明節上老家掃墓，已是有車階級，行動方便，從容不迫。早上在廈門四裏市場買一些海鮮放在車尾箱的塑膠桶，加幾塊冰，驅車直上後坑。那時還沒高速路連接金淘，通常走同安東田的山道，轉用手動檔，小銳的控制性能在這裏發揮得淋漓盡致，大約兩個小時到達。第二天帶領眾親上山完成了認為有生之年最重要的大事——掃墓，第三天席請親朋。

春雨綿綿，時大時小。晚上睡在這傳統的磚、石、瓦木結構建築的杏隆居房間，聽到瓦面上沙沙瀝瀝的雨聲以及屋簷下的滴答水聲，是那樣的親切，那樣的安心，同時是那樣的美妙。這雨聲時而像交響樂，時而像催眠曲陶醉著我。現代年輕人已經很難住進這種古式建築，分別是不能與不屑，實在可惜。現代建築材料的改變正慢慢摧毀了古代文明，我能有"片瓦遮頭"，幸甚！

很快轉入初夏，氣溫漸漸升高，對於我，這是一個可怕的季節。心力衰竭加劇，食欲不振、睡眠不好是主要病狀。我必須住院治療，但效果已經不能滿意，原因是病情已加重。就這樣進進出出，有時住十天八天，有時半個月，有時二十多天，費用三千或以下。如果自嘲一下，大概可稱"六進宮"。我和美女護士都混熟了，她們有時會問："楊文中，你又回來了？"我答："是啊，想念你們唄。"玩笑開完後，痛苦還是痛苦，真是不堪言語。

有一次在報紙上看到一則報導：一個心臟病老人在中山醫院心內科安裝了起搏器後，心力得到顯著提升。在痛苦難忍，屢醫無效的情況下，我決定一試。二女兒匯來 12 萬元專用這個項目。我要求黃衛斌博士醫生幫我做，他對起搏器方面有很高的造詣。他很坦率的對我說：因人而異，你的病例不一定成功，但我堅持要做。後來證明沒什麼效果，原因是多方面的，最主要是心率過高(100 次 / 分以上)，不能配合起搏器運作，這一說法我始終不能明白。

我想，倒不如這樣解釋更合適：一個罪孽深重的犯人被緝拿歸案，心存僥倖，重金聘請高明的律師打官司，希望法官輕判，但事與願違，法庭宣佈被告死刑，緩期執行。

小小的起搏器，就像金子鑲上鑽石一樣貴，花去了我女兒十多萬元！病魔夜以繼日的折磨、摧殘我。有一天，我突然醒悟，生命已經到了盡頭，但"法官"不是判我緩刑嗎？我還有機會。沖一個痛快的熱水澡，打起精神，開著"小銳"到中山醫院找廖崇先教授——中國著名的心外科專家。

煎熬中等待換心機會

心外科的手術室設在心臟中心 3/F。這裏設有一間主任辦公室，廖教授就在這裏坐鎮。有時也和病人交談及看病，和藹可親。我說明來意，他對我的病情已很清楚，幫我記錄一些個人資料並拍照存檔。同時雷厲風行，馬上安排我住院。

住院部在 6/F，我住一個單間，很清靜。醫生及護士幫我驗血型及提取身體狀況的相關資料，同時點滴治療，目的大概是延續病人生命的結束，爭取一些時間讓病人有機會進入手術室，使之康復。相對來說，心內科治療比較細膩認真，其目的是使病人直接能達到康復，這是戰略性的不同，所以戰術就有差別，心外科術前治療就顯得粗略，粗淺，我有這樣的感受，所以有這樣的想法。

在心外科住了20天左右，實際上是半住半回家。10月份中旬，有了第一次換心的機會，但那時還有另一個姓戚的病人更加危急，刻不容緩，她的血型較普通，供體容易找到。我是ＡＢ型的，供體就較難出現。廖教授找我及家人談話，取得共識：作好手術的準備，若那天的供體是ＡＢ型的，我可優先，若是〇型（百搭型）或適合戚的血型就肯定她先做。幾天後，戚幸運的（不幸中之大幸）被推進手術室完成了該手術，以後也順利康復出院。

這是一命延續另一命的舉措，美國人在這方面比較開明，規定凡是領取駕照（已成年）必須簽一份器官捐贈書，日後若交通意外死亡，醫院可隨時摘下他身上有用的器官速救這方面的病人。中國人發膚受之父母的觀念根深蒂固，捐贈相對落後。然而，中國方面也相應的作出一些人體器官及授受者關係的合理合法規定，我最贊同這樣一條：任何外國人不許在中國境內做器官移植的治療，臺灣、港澳同胞不包括在內。聽說頭幾年只要口袋裏裝有足夠的美金，不管黑膚白膚都可以在黃土地上搶走黃皮膚人的器官，現在中國人醒悟了：我自"優先自用"。

由於供體非常困難，廈門及周邊包括省會福州都是小城市（相對而言）人口少，供體就缺乏。廖教授會求助於全國的大城市醫院，因為供體與人口的數量通常是正比的，廈門心臟中心心外科會組織團隊，由廖教授率領，去有供體的較遠的醫院進行心臟移植。有時會幫助技術力量薄弱的醫院給予技術援助，救死回生，足跡遍及全國各地。

南京之行

十一月中旬，機會又一次來臨。廖教授與南京的江蘇省人民醫院取得聯繫，過幾天有一個供體出現，我必須去南京等待，我決定"赴會"。但條件是廖教授必須親自上南京做，否則我不簽字，廖教授誠懇答應："我一定去，你放心"。可見他對病人的關注，關心。

第二天早上大女及老婆陪我廈門飛南京。在廈門機場待機時，接到廖教授電話說要來送我。我說不用，但他還是來了。我問他坐什麼車，他說寶馬。我去門口接他，果然看到一部老式寶馬開過來，讓我驚訝的是：他是自己開這部寶馬車來的，一個醫學術權威老者，身手竟然還如此矯捷，佩服佩服！

智慧、開朗、熱情集於一身！

到南京天氣相對寒冷，我們召的士直達江蘇省人民醫院。醫院很大，在心外科找到袁主任，他們知道是廖教授介紹來的，熱心的安排了住院。

病號很多，有一半是江北的安徽人，他們的省會合肥可能還相對的落後。我混進他們之中，這個有點悲，有些無奈，但還不是完全失望的人群裏，不其然思忖曰：同是天涯病心人，有恙緣聚在金陵，不日求得康復體，各奔南北也渺茫。

下午，大女在醫院附近很容易的租下一個兩房一廳的套房，打算在南京住兩個月左右，方便又合算，這是本意。房子裏有現成的炊具，方便我這個病人吃小灶，胃口太差，地道的美食也是索然無味，但還是要勉力吃點。醫院食堂的飯菜，我是萬萬吃不下去的，米飯的米質太差，軟硬度偏軟，菜的口味不合，這些都讓我卻步。這幾年的住院時間，累積起來足夠有一年時間，都是老婆家裏做的，她確實功勞很大，我感謝她！

星期天，兒子和二女從香港飛來南京，小女也從廈門趕來，五個最重要的親人都在我身邊，我的樂觀、自信及輕鬆感染了他們，在他們臉上找不到悲戚之情緒。我十分滿意並稱讚自己的兒女：他們不必開家庭會儀，有錢出錢，有力出力。就像百舸爭流中的一分子，齊心協力，鼓槳奮進，希望把這個不好也不怎麼壞的老豆送到幸福的彼岸。

我思量：窮又病是悲哀，病有錢治是半悲哀，我就是半悲哀。現代醫學昌明，有可能把病治好，沒病沒痛是福氣，既使沒錢也過得去，不管窮富都

要過完一生，別無選擇。有錢無病是貴氣，相信這
種人會越來越多，倘若這些人又捨得使錢，那就更
加完美。

南京的氣侯與廈門相比，真是太差了，天氣寒
冷、空氣乾燥。等了一周左右沒有心源。香港子女
先回港，他們風塵僕僕的來，只住了兩個晚上又匆
匆趕回去了，可想而知香港的工作、生活節奏是非
常緊張的。星期三中午，基本上確定告吹，家人分
頭辦理出院手續及外邊的退房，記得先前預交醫院
的幾萬塊保證金還是後來由袁主任醫生幫我們打回
廈門，感謝他！星期四中午，我們飛回了廈門，一
下機感到舒坦多了，廈門才是適合我們生活的地方。

我和南京比較有緣，當年經過杭州、上海、南
京、北京這些大城市，並遊覽了一些主要風景。這
些城市，唯獨南京是第二次光臨，李白遊金陵詩：
鳳凰臺上鳳凰遊，鳳去臺空江自流。41 年前（1966）
在南京第一次看下雪，過農曆年的情景還歷歷在目，
這群激情的年輕人唱著：大海航行靠舵手，萬物生
長靠太陽這首歌時，是那麼的鏗鏘有力。如今都已
是耆老之人了，哼的是：夕陽無限好，只是近黃昏
的小調。任何人都無法抵抗自然規律，唯有鐘山照
樣虎踞龍盤，長江依然奔流不息！

這次故地重遊，只是一個概念，我只有機場、
打的、醫院、再打的、機場的過程。但從南京的旅
遊地圖上看到南京已建成四座長江大橋，當時我們
想見毛主席時，列車車廂還是靠輪渡載運到江北再
組成列車。毛主席指揮百萬雄師過大江，佔領國民
黨老巢南京，一舉解放全中國，可以說，他是開國

功臣，是最偉大的！有了新中國，才能有這樣翻天
復地的變化，祖國越來越富強昌盛，我為您而感到
自豪、驕傲！

幸運終於來臨

從寧回廈第二天，我跑去心內科住院，感覺這
裏較有安全感，供體這麼困難，特別是ＡＢ型的，
實有"遙望無期"之感。我對陳水龍醫生治療較有
信心，或許可以延緩我的生命。

這些日子我像上班族：早上８點到醫院查房，
拿藥及點滴，點滴完問護士醫生有何指示，明早是
否要抽血或其他檢查專案，清楚之後回家。

04年開始，成了中山醫院常客，我熟悉這家醫
院，醫護人員也知道我，但病魔折磨我，摧殘我，
我難以度日。

或許是上蒼憐憫，或許是人間有情，幸運之神
終於眷顧我！

有一天，廖教授打來電話說：最近漳州有個供
體，換不換？我趕忙回答；"換，肯定換，南京都
緊追上去了，還能不換嗎？"廖教授說那好，明天
過來住院，語氣中充滿關切。

12月5日（星期三）早上，我去中山醫院住進
7/F病房。準備工作緊鑼密鼓進行著。醫生找我談
話，說關於手術存在著一定風險問題，以及私人要
備一些醫院不能供應的藥物，其中一種緊俏藥叫白
蛋白。並告誡我要有思想準備，術後要長期吃抗排
斥藥及有不良反應，比如說牙齦會腫痛等問題，這
些我都能接受。

那時比較擔心的是供體血型能不能符合我的Ａ Ｂ血型，若不是，以後抗排斥治療難度會增大，這種想法使我心裏不安。我發短信：廖教授您好！我渴望ＡＢ，我希望有較好的狀態進入手術室，盡早過常人的生活，這期待是一定要得到您的幫助才能實現，謝謝！廖教授回：讓您早日康復是我們的天責！

　　星期五晚上八點多，廖教授來看我。他走後，我思緒積極坦然，跳出血型顧慮，思想得到解放：人已死，那株長白山的千年野山參對他還有意義嗎？鄧小平說得好：不管黑貓白貓能逮到耗子就是好貓的這句名言啟發了我，迫切需求更加強烈，我馬上發短信給廖教授：天時地利人和，祝合作愉快，馬到成功。廖教授回：請放心，我們會為你服務好的，請安心，祝你好運。

　　我在短信中已不提配型，而是希望能互相配合，盡早盡快完成手術，我已經到了急無暇擇的地步。

　　周日，做了一些例行簽字，晚上醫生來看我，並派安定片，我不需服用。早上幸福時刻終於來臨，8點多我從7/F被護工推到3/F手術室。親人是緊張的，我卻很平靜享受這時刻。在手術室裏，我看到穿著醫生服的廖教授，我用手指打出"Ｖ"這勝利手勢，然後閉上眼睛：一是永遠解脫，但機率不足1%。二是重獲新生之後，有機會康復，生活品質提高，安度晚年。想著想著，我有點陶醉。這時，大概是麻醉醫生過來與我交談幾句，我回憶不起來怎樣被麻醉了，記憶暫時終止到這裏，徹底"陶醉"了。

重獲新生

　　朦朧中，我感到我在吃東西，又是一個美妙時刻，我知道我還活着。這時的心態很平靜，也許是還沒有什麼氣力激動。護士在餵我營養粥，我很享受，就像初生的嬰兒貪婪的吸吮母親的奶汁。

　　意識漸漸清醒，如果把它說成是作了一場大夢醒來，那有點不大適當，因為沒有夢景，也就沒有內容，是一段空白。這時侯，我看到兩個護士（icu）護理我，是一男一女，透過玻璃牆，我看到幾張熟悉的面孔在張望，神情是喜悅的，他們是我最親的親人。我當然也不清楚什麼時侯吃第一口粥，後來問老婆，她說是第二天中午，我這段人生空白超過二十四小時：我不知不覺被麻醉了，廖崇先教授為主的醫生及護士為我做心臟移植，過程是緊張而有序的，四小時左右，精確、高質量、成功的完成了手術。我被推到這心外科最高等級的監護室，按照麻醉醫生的技術要求，在星期二中午蘇醒過來。

　　我的護理級別是最高的雙護，一男一女，他們是優秀的護士，學歷高工作認真，有職業道德及敬業樂業的精神，在近一個星期的相處，我們幾乎是朋友，我在這裏感謝他們！大手術後，護理的工作很重要，持別是預防感染，要求特別嚴，原因是移植手術後必須服用抗排斥藥，免疫力下降，醫生要有相對措施應對。所以，這幾天在 3/F 的特別監護室，除了護士在我身邊，其他人是很少接觸我的。家人要進來，也需經過特護批准，在消毒間消毒，然後換穿已消毒的外套才能進房間，不能長陪，十分鐘再換另一個親人進來。第三天，我看見二女在外面看著我，臉上有了笑容，不一會兒，她穿著防護外套進來探望我，心中喜悅不已，她的痛苦應該結束了！她較忙，星期五就飛回香港了。

星期四，我最有印象，男護士扶著我坐在床沿，女護士喂我稀飯。我驚歎：才第四天，我居然可以坐起來了。我不能理解的是：開刀口怎能承受得了，真是不可思議，這就是醫學昌明進步。星期五，廖教授在外頭看我，用手示意我學走步，是的，生命始於運動。從那天起，我就十步八步的，一圈兩圈的就地練習走，對肢體狀態的恢復肯定是有好處的。在這 ICU 病房大概住了一個星期，醫生確認我的身體狀態已經可以搬到 7/F 的普通病房。

這裏靠近湖濱南路，噪音過大，我過得很不愉快，雖然身體疲憊，但睡不著。頭腦可能受到刺激，很喜歡思考及傾訴，那會躺在病床上發短信，受到打擾的主要兩個人，在此表示歉意！

身體狀態在恢復之中，心靈卻非常脆弱，很愛哭，我調侃自己：我的新心原主人（也是我的恩人）不是一個詩人就是一個乞丐，肯定是一個感情豐富的人。

中庸之道

我也做了一些"義舉"，包括提意見及投訴。我向主任意見箱投了一封信，大意是說香港的茶樓酒肆、公園等等公共地方都已嚴格禁止吸煙，而作為醫療重地的中山醫院卻隨時隨處可看到煙哥在走廊抽煙，這是非常可笑的，不能遷就煙民意識，在醫院範圍內要強制性禁煙。心臟中心是中山醫院的一張名片，一個響亮的品牌，更加要做到這一點。

很高興，意見得到採納，支持。兩天後，在 5/F（心內科），6/F（心外科的住院部走廊兩邊的窗口位置用不銹鋼及玻璃材料製作了兩個吸煙區。民情的落後，只能採取這樣的中庸之道，但還是有點意義的。密封之後，煙民在這裏吞雲吐霧做小神仙，二手煙就不會像以前隨著窗外吹進來的風帶進病房，害人累己。

廖教授同時叫人在幾個出入口顯眼處牆邊，貼了一張張一個外國醫學權威的文章，文中有很多數據及醫學理論都表明吸煙危害身體健康。

我也做私人的投訴及建議：3/F 是特級護理，搬到 7/F 已是普通護理，我要求搬回原病房，我批評護士長的的交接工作做得不好，導致病人不能好好休息。後來，我被安排在非常理想的 43/44 的包房，總算討回病人的權益。因為身受其害，我分析了噪音的來源並對病房所在位置做了優劣的評估，也是醫生護士不能體會到的，因為他們是健康的人。

這段時間，醫生對我的病房要求很嚴格。每天（後來改兩天一次）都要用消毒車來消毒，這架車能通過紫外線燈光殺死病菌病毒。因身體還很虛弱，受感染的機會大，家人進來也需戴口罩，把感染的機會降至最低點。因為如此，病房門是日夜關閉，外面掛一個牌：“重要病人，請勿打擾”，更為經過病房門口的人們披上一層薄薄的神秘面紗。因為如此，即使是主要的親戚朋友都沒有讓他們知道這件事。主要是考慮到根據家鄉的風俗習慣，消息互動而知情後，或許堂親，親戚朋友會不遠百里來廈探視我，關心我，可醫生又不允許，造成雙方的不便。更因為如此，發生了以下的經歷，記錄如下。

神秘之行

　07 年 12 月 24 日凌晨，我發了一個短信：友泉，你好，當你收到這個短信時，請在沒人能聽到對話的情況下，打個電話給我。友泉是個醒目仔，他當時在打牌，把友立拉上來頂檔，到外邊沒人的地方打電話給我，知道情況後怕他分神，因為他們打牌的注碼特別大，請他若無其事地回牌桌繼續打牌。

　早上五點半左右，他回到家即來電問："中哥，什麼事？". 我直接了當地說我做了心臟移植，想請老弟作為朋友的代表來探望我，見證一下，以免日後落下了我不敢見人的話柄。他聽後，一口答應明天就來廈，他作朋友代表條件俱備，一是老朋友不必客氣，二是他有一部 2.4v 新雅閣，可以神不知鬼不覺的來探我，很方便，我要他家鄉麵條，面線各三斤，豆幹少許。

　這一天正巧是聖誕節，我看著窗外，陽光已經明媚，昨日那陰霾的景象已徹底消失，好！開車上路就是要這種好天氣。我不動聲色靠在床上，8 點多，護士來點滴，手上的留置針起作用，250mL 葡萄水及 50mL 的利尿劑雙管齊下，10 點多搞掂。打電話給阿泉，他說快到同安，我告知大女開車到 SM 與泉叔會合，引領新雅閣到達中山醫院。

　新心伊始，第一次看到老朋友來探我，精神得很，我叫大女幫我們拍照留念，見證友誼。中午就在這佈置得非常"雅緻"的的病房裏用餐，友泉很盛情，除了我要的那三樣，還帶來了豬大骨、排骨、腿肉、豬肚等土產，更妙的是還帶來了家鄉的"招菜"（用冬天的芥菜醃制）。時隔即將兩年，回想起來還津津有味，友泉回去後還是替我保密，直至我自己公開為止。我感謝他，他幫了我一個大忙：見證了我的坎坷人生及勇敢面對的一小段經歷。

實際上，我在 12 月 10 日做手術，一切狀態良好，元旦幾天前就能夠開車。我對駕車很有信心，只是不敢明目張膽。

第5章

新心生活

甲子生日

很榮幸，農曆十一月廿九日（當年是新曆 12 月 31 日），今天將度過我的丁亥甲子，人生大抵只有一個。本來，我對生日並不重視，小時候只是盼望在早上醒來可以享受我母親精心烹製的面線蛋。面線是家鄉的手牽面線，一對蛋是一雞一鴨蛋，有講究。長大了，浪蕩在外，有些年頭竟也忘了生日的存在，真的無所謂。但今年畢竟不同，早餐家人特地煮了一碗家鄉口味的面線蛋，隆重其事。晚上我建議在家打邊爐，食材非常豐富：用友泉送的招菜燴招菜飯（閩南特色），湯更加難得，是三女婿預定的一條大"土龍"（兩斤八兩），加上豬龍骨及拘杞，在瓷鍋裏慢火煲之，非常甘香美味。又到魚檔殺了一條大又好的石斑，起魚片後，魚頭及魚架骨架與豬大骨一齊煲，作湯底，放豆腐，記住在用餐前把魚架骨小心拿乾淨就 OK。還有牛羊片、魚丸、肉丸、九節蝦等食品。生菜是打邊爐的首選，茼蒿菜、菠菜、白菜，芥菜芯進入深冬，在光合作用下，澱粉深藏，鮮甜美。女婿們喝酒助興，我自個兒泡了一壺鐵觀音當酒，開懷盡興，無拘無束。打完邊爐，移師大廳沙發。插了 6 支蠟燭在生日蛋糕上，唱完生日歌，默默在心中許願，學吹蠟燭。大家吃完蛋糕，看了一會電視李雲龍的"亮劍"就散了。

香港特別行政區與廈門經濟特區就像一對姐妹，有個地理共同點，都是海島。兩地文化經濟互通很成功，廈門市民若有假期很喜歡攜老帶幼去享有購物天堂美譽的香港旅遊、購物。而香港市民，特別是閩南籍的，退休後首選居住地，就會是人居獎獲

得全國第一名的溫馨、美麗小城——廈門。因為都
是海島，有豐富的海產資源及吞吐量驚人的貨櫃碼
頭。前者廈門略優，價廉物美，後者呢，香港可就
當仁不讓，一馬當先了！

慶祝出院

出院前一天，做個好市民，省錢又環保，我緩
步走到中山醫院上 3/F 主任辦公室。廖教授看我的身
體狀態好，很高興，抓起攝像機又錄了一段，可見
醫生對他的成果非常重視，並告訴我：明天可以辦
理出院，我們醫院搞一搞歡送儀式，你把車停在特
地安排的門口，到時我們送你到樓下，你自己開車
回家，很有意思。心臟移植 5 周（35 天）康復者出院，
自行駕車回家的還算首次（實際上我 21 天前就開車
過新年了）。

2008 年元月 14 日，正式辦理出院，與醫院的交
接由大女去財務部理清楚。早上 8 點多，把車停在
心臟中心門診部門口特地為我安排的臨時車位，就
上三樓辦公室，有幾個報社及電視臺記者正等著我
作訪問，有問有答，應付自如。

廖教授對他們說：今天請你們來是讓諸位見證
一下，一個心臟移植者，能在短時間內恢復到這樣
的狀態，實在少見。更何況 21 天就能開車，35 天出
院，自己開車回去，在中國可算是首例。訪問完，
大家上 7/F 住院部，從病房出來，到護理枱，廖教授
組織醫務人員一起拍照，攝影機一路跟到樓下。在
樓下，醫生、護士熱情地和我握手，祝賀我，然後
做一個特寫：上車拍照。廖教授行程安排一氣呵成，

我鬆了制動器，輕踩油門。這時湖濱南路紅燈正阻止了後面的來車，馬路上剛好沒車，踩下油門提速。小銳不負使命，一溜煙兒就無影無蹤了。我和三女婿林志平及三女映晰先到潮福城，麗彬和大女她們遲點到達，這頓茶喝到十二點多，很盡興。

潮福城是潮汕籍香港老闆開的，點心的品質一流，蝦餃比香港酒樓更鮮。問下服務員有沒有幹炒牛河，回答有，點一盤試一下，非常有水準，配豆芽、蔥白韭黃與河粉一起炒，牛肉剛熟，火候到家，而且不油膩。吃完讚不絕口，這是屬於平民化美食，以後肯定會常來幫襯！

廈門日報、廈門商報、廈門晚報相繼報導昨天在心臟中心採訪的內容：

廈門日報圖文並茂，題目是：換心 21 天開車回家過新年，60 歲的老楊從香港慕名來廈求醫，術後恢復的速度讓醫生稱奇。

廈門商報相關新聞："換心"21 天就開車回家：第一例境外人士心臟移植手術在廈完成。

廈門晚報也是圖文俱佳；港客楊文中慕名來廈換心，21 天出院駕車回家，28 歲的心臟在 60 歲的身體內，他渾身充滿活力。

電視尚未出街，我相信以上的報導是有意義的，是積極的，讓更多和我一樣的病例知道必須做這種手術才能根治而獲得新生。讓病患者有信心，有良好的心態進入手術室，坦然面對，積極配合醫生，至關重要。當然，人民幣還是掛帥的。聽說，全國目前心臟移植這一塊，只有深圳才能用上醫保，其他地區全部 100% 自費。這是一個不合理的政策，廖教授說心臟移植現在已經是常規手術，我相信國家的醫療政策會改變。

在早我幾天出院的戚也是命苦，心臟挨了三次刀，前兩次是換心膜，沒有成功。第三次做心臟移植，這樣的高難度，廖教授也把她救出來了。命是保了，但經濟跟不上，這是情理之中。好在廖教授通過媒體報導了這件事，得到有關單位的重視，伸出同情關愛之手，醫保打通了，廈門是個溫暖的人間。

母親紀念日

今天是我在有生之年最值得記住的日子，81年的農曆十二月初十，我母親離開了人間。到現在已經整整26個年頭，回想我母親的一生，我很痛苦，子欲孝而親不在，奈何！

昨天駕車到八市，它在輪渡附近，是廈門最大最豐富物資的市場。在那裏買了一條鬥鯧80元一斤，3斤多273元，兩斤大海蝦每斤83元，70元兩斤的石蠔仔，都很新鮮。再取道去百家村買了只連城白鶩鴨120元，這種鴨很出名，養得越久越貴。雞沒有土雞，只能將就買長汀和田雞35元一斤，一只83元。我對自己的採購能力感到滿意，特別是大鯧魚，雞鴨魚蝦齊了，回到銀龍叫麗彬去附近的凱旋市場買一個豬腳可燉海參，還有排骨，豬肉可炸泡丸。任務完成了，男人的行動是最利索快捷有效的。我輕鬆的坐在沙發上泡茶，自得其樂，晚飯後，明弟（立侄的父親）來探視我，他是從廈門電視二套看到我開車出院回家的新聞才知曉的，大家心裏都格外高興。臨走，我叫他明天 10 點多過來喝酒，他也爽快答應，畢竟是在老家一起生活過童年的老兄弟。

　　初十中午時分，明老弟到了，兩個女婿帶著家人也來了，豐富的食品美食滿滿的擺了一桌子。桌前立著我父親和我母親的遺像（父親是沾了母親的光），擺好香爐，兩邊各點一支蠟燭，做忌儀式開始。我是老大，點三支香，今年就讓我開個頭來主持呼請吧，祝願她老人家在天之靈能得到安息，她的子孫下代平平安安！接著，每人點三支香向先人虔誠敬拜。女婿倆和明弟三人喝酒吃菜，大家圍在一起，不必拘禮，氣氛莊重熱鬧，為我母親做了我新里程的頭一個忌日！

短暫香港之旅

　　廈門已沒有重要的事要做了。農曆十二月十二日，乘坐大女訂的廈門直通香港的永東巴士，這種直通車品質高，比較安全，旅客全屬過境，中途沒有上下客，也就成了這階段我們到香港的首選交通工具。中午在汕頭國際大酒店就餐，雖不是大魚大肉，但潮汕風味的小菜，特別是凍烏（蒸熟再冷凍的烏魚），沾點普寧豆豉，別有特色。

　　一路順利，在沙頭角過兩個海關。六點左右，我們在粉嶺火車站下了永東車，上餐廳，喝一杯熱鴛鴦，吃一碗牛雜粉，打長途的士回家，車資 120 元。

　　回香港第一時間看已一年多沒見到的香港外甥女，她很精靈可愛，牙牙學語，這是小孩最可愛的階段，我們沉醉在歡樂之中。

第二天乘輕鐵去屯門醫院，在醫院膳食部吃了一個豐盛的早餐。本來打算去門診部掛號看醫生，要求轉介到葛量洪這種專科醫院就診，享受香港居民的醫療福利。現在還剩下 35 天左右的中山醫院開的抗排斥藥（好像是新山地明、曉悉及輔藥），藥很貴，一個月 6 千元左右，長期服用肯定負擔不起，而且也沒這必要。

　　在 1/F 看到一個牌"病人求見主任辦公室"，我改變主意，直接見主任可能更好。我在走廊長椅坐下等待。九點多，負責公關的小姐接見了我，說明來由，她很明確的作出指引：先到新墟診所登記，然後預約時間見醫生，再由醫生如實開介紹信去適當的醫院就診。第二天九點半到新墟診所登記，安排在十點半見醫生，我簡略介紹這幾年過程，這個女醫生很細心，幫我開了兩封介紹信，一封屯門醫院，一封港島南區的專科醫院葛量洪，事情終告一段落，再作爭取。

　　晚上二女帶我們去屯門八百伴吃日本料理，我最喜歡吃魚生，連盡幾碟，很享受。回家路上還特地停車在洪水橋買糖水甜品回家享用，一人一份，各有所好，香港人就是多彩多姿！

　　農曆十二月二十一日，回廈門，一路順利。

農曆新年過後再次回港

　　"二十九，全都有，三十晚上鬧一宿，正月初一到外扭"。住在廈門，買東西很方便，我們並不需要辦年貨。二女回來和我們過年，也只能是三兩天時間，而且大部分就餐會出外解決，所以也平常得很。重要的是親人團聚一堂熱熱鬧鬧，開開心心，這才是最有意義的！

過年日，下午三點半，開車去接機，寶寶在寬敞的大堂跑來跑去，無拘無束，很討人喜歡。

晚上 7 點，分乘兩部車去寶龍酒店，有迎賓小姐帶我們到包廂就坐。一家人也不必拘謹，想吃什麼就選擇什麼，有榨果汁，有可樂，三個女婿喝紅酒。8 點春晚開始，趙本山的小品很多人喜歡，也是最好看的，可惜以後被斬了。

除了童年時代，這是我過得最開心的一個除夕之夜！

初三，二女一家返港準備開工，我獨自回鄉下，很踏實地睡在杏隆居。外面的鞭炮聲並不會干擾我，相反地，有熟悉、親切、重溫舊夢的感覺。

早上 7 點半到詩文家，把他叫起來泡茶聊天，熟不拘禮。8 點多吃稀飯，配有豆幹、炒蛋、炒青菜、酸菜等，很開胃。中午更豐富，白灼農家土雞、番鴨湯、消食丹燜豬腳、炒劍菜等，全部是農家貨。這些東西在城市是無法品嘗到的美味，謝謝文嬸！

初五，我回廈門。閩南的正月正處在特別熱鬧的階段，我發現身體不妥，很難受。手臂及腰部有荊棘刺痛之感，會跑來跑去，飄忽不定，非常痛苦。我想大概是過節吃的食物有關係，事不宜遲，大女連忙打電話訂了初六早上的永東車。

初六，駕輕就熟，急急忙忙趕到香港。二女已做好準備，第一時間把我送到屯門醫院掛急診。排隊半小時後見醫生，這位醫生看了我的病況，大聲驚訝的喊道：生蛇喔，趕緊入院！在病床上開始做一系列的心電圖、超聲波等檢查，並開始抗生素點滴治療，總算有個下落。

　　8 點多，我向當值醫生說明我是心臟移植者，需要服用抗排斥藥。醫生通過我的病歷檔案及醫學知識，給我派了幾個藥，並且交代住院期間必須服用該醫院的藥，任何私藥均不許服用。第二天一早抽血，證明醫生是對的，患的是帶狀皰疹，地方名叫生蛇，又叫神經痛。抗生素點滴二十四小時進行，早與晚有醫院的抗排斥藥服用，也就放心了。在屯門醫院住了三四天吧，可以辦理出院，我們要求醫生開一張轉介信給葛量洪醫院，渴望能得到更好的治療。

　　幾年來的刻骨銘心煎熬已經過去，告別了讓我重獲新生的中山醫院，來到久負盛名的葛量洪專科醫院。幾經磨難，幾經努力，2008 年開始，我就在這裏治療。

葛量洪醫院

　　從紅磡墜道過海，經過銅鑼灣、跑馬地、穿過香港仔隧道，最先入眼簾的是海洋公園。而醫院是建在墜道口的右側山腰，與公園不遠而立，環境相當幽靜，是作為醫院的首選之地。醫院專科心臟中心由當時擔任港督的葛量洪爵士主持剪綵，開設於上世紀 50 年代，樓房由郭得勝先生榮譽捐建，永留芳名。由於歷史原因（殖民地），它的醫療水準是相對較高的，就拿心臟移植這一專科來講，第一例是在 1992 年，截止 2002 年共完成五十多例，包括三例肺移植。也因此，醫生及護士累積了豐富寶貴的醫學及工作經驗，特別是手術成功後續的抗抑排斥治療更是獨步青雲，達到先進精確的世界一流水準。

5 月份，由於病情需要，我被安排住進 4/F 的一個單間小病房。裏面有小電視，有獨立的衛生間，供應三餐，飯後有水果供應，包括治療費用，每天繳 100 元。這次住了一個多月，醫生主要是消除我肺部的小頑疾，抽血化驗，點滴治療，直至徹底幹淨。

在這住院期間，每天都從電視上看到汶川地震的抗災報導，那些感人的畫面，震撼著我的心靈。抗震救災成了每天的主題，不分國界的援災，人性的光輝在這裏得到肯定。

我每天早上會到 1/F 的小賣部買報紙回來，閱報及看電視可以打發時間，也相應的可以得到知識。我錄段共賞：心理大師艾力遜（EYIKERIKSON）言簡意賅地歸納人生的最後階段（可能維持 15--30 年），是"圓滿"抑或"失望"，人生是一個又一個的選擇和曆煉，讓人不斷成長。有時很難以對錯界分，否則數算往事前程，恐怕只有失望和唏噓。想深一層，退休生活並不可怕，最怕是我們為了晚年生活好過一點而押上自己的健康，最終是無法享受勞碌終生得來的成果。雖然健康不是代表一切，但若沒有健康，便一切也沒有！

經過一段時間細緻的治療，醫生根據檢驗報告，十分滿意，我同時感到狀態極佳，就讓我辦理出院。在這期間，我享受了香港人優越的醫療福利。一般來說，每 16 周（大概四個月）就要來醫院復查一次，

葛量洪醫院

　　早上抽血驗指標，大概中午就能知道結果，沒問題就拿藥並預約下一個復診日。

　　初開始時，檢查會比較頻密。半年做一次微創檢查"割大脾"，也就是在腹股溝刈開一個小口，導管從那裏導進去。用儀器取出心臟微量的活組織化驗，確定心臟是否有排斥現象及檢查冠心動脈是否正常的小手術。這個過程很考驗醫生的技術，神速及病人感到舒適是最高超的造詣。後來一年做一次割大脾，直至十年，2017年之後就不做這種檢查了。

大事之年

　　2008 年真是大事連連。汶川大地震雖然是一場不可抗拒的天災，但在這裏卻可看到光輝的人性，一幕幕感人肺腑的救援，一個個虛弱的生命得到新生。在這過程中，有的救援者（烈士）甚至付出寶貴生命代價。在這個和平年代，這種精神更加寶貴，更值得頌揚！國家主席、總理親臨災難腹地視察指揮，這是中國人的驕傲，中華民族必興的意志一直很堅定！

　　災難過後，中國人迎來了吉祥。2008 年 8 月 8 日，三發連放，意高氣揚！中國人第一次在北京承辦第 29 屆奧運會，雖然是初次舉辦，但卻辦得很成功，可以說是空前之盛典盛事。中國人從此站起來了！金牌數量排名第一，美中不足的是中國飛人劉翔因傷而退出比賽，他因此沒機會在自己的國土上110 米賽道展翅飛翔，顯露風采。劉翔是個不應當忘記的名字，在上一屆奧運會締造了 110 米跨欄 12.88 秒的世界紀錄，對中國人而言，這是一塊品質最高的奧運金牌，填補了中國短道賽弱項的短板。

　　農曆 10 月 12 日，盛事連連。小學母校道南舉行創校 100 周年紀念慶典，這世紀榮光，作為校友，我一定來分享。一大早，我從廈門開車上來，到後坑再接兩個同齡的"抗戰仔女"小學同學到道南參加慶典。這天，珍珠山頭盛況空前，旌鼓爭天，小朋友（小校友）排好隊夾道歡迎這些遠道歸來的老校友。百年校慶舉辦得很成功，從中可以體現出社會人士及各屆各地謀生的校友對教育事業的熱心，體現了"道南"的真諦！

時隔不久，我和許多盡點綿力的校友收到鎮政府送來的一塊金色褒匾，其中把我的名字文中寫成文忠，可能是工藝社出錯。我不悅，在紙上題了：無心之失，有心是誤，勉勵之餘，原匾歸鎮字樣連匾一起，麻煩禮哥幫我退回去。後來，我又收到匾，這次正確：文中。一番小計量，可謂是"完璧歸趙"了。社會的進步，政府的工作人員工作態度也隨之進步，值得一贊！

　　眾所皆知："中"與"忠"的概念完全不同，前者表示位置，後者表達思想。中國人傳統敬忠，也就逢名必忠。在兩個字前面加一個"文"字，關係就更加微妙：要利用文來表達忠，這"文忠"就必須在文中裏才能體現。簡單地說，必須有"文裏"才能體現"文理"，"文中、文裏"是廣義的，涵容"文忠、文理"，這是鄙人之拙見。我不喜歡"忠"，歷史的代表人物岳飛就是死在這個"忠"字，空悲切！

狡兔三窟

　　香港，這個我下半輩子的移民之地、謀生之地、奮鬥之地，現在已是我的求生之地。在這裏我享受著香港人優越的醫療服務，根據葛量洪醫院心臟專科醫生的指示，定期來這裏復診，檢查取藥。目前已漸漸趨於穩定，抗排斥藥量逐漸下降。疾病並不是十分可怕，生死由命是有一定道理的。

　　除了求生，在這幾天裏，我有機會親近我的香港外孫女澄澄（梁逸澄），我們相處得很"老友"。她（三歲多）經常以英語用詞來和我交談，弄得我哭笑不得，狼狽得很。也趁這個機會，在享有購物天堂美譽之地買一些服飾或食品帶回大陸。出街去品嘗一些自己喜歡的地道美食，喝咖啡奶茶。二女婿自己有車，很方便，經常一家人去彌敦道雅蘭中心 2/F 一家有名的素菜館晚餐（現已搬遷），味道非常的好，特別是那"魚翅"。

廈門，我的養生之地。在這個全國"人居獎"經常排名第一的小城，順名成理，居住必然是理想的。我的銀龍廣場居所屬於思明區文灶的一個社區，鬧中取靜，交通方便。自己又有車，到達輪渡、中山路、火車站、汽車站、體育中心、人民大會堂這幾個經常去的地方只需用十來分鐘即可。早上開車去學一學打一打陳氏太極拳，有"相逢恨晚"的感覺。假如年輕時就學、就練，現在可能已經"功力深厚"了。我的太極拳打得很好，只是後來荒廢了。

星期六，麗彬會把大外孫女（四歲多）帶過來銀龍熱鬧熱鬧，她會唱歌跳舞、表演跆拳道、朗頌唐詩及背"三字經"，最喜歡的是畫畫。大女三女都住在附近，兩家人都是地道的廈門人，也經常去外面飲茶吃飯。

廈門生活感到枯燥乏味，這是退休後的人生另一個階段，大抵也只能如此。

老家後坑，我稱為"戀生之地"。這個生我養我的地方，這個讓我有著快樂童年的地方，這個山青水秀的好地方，我是男人，我的根在這裏。所以，每逢過年過節，特別是清明節會回老家履行責任，上老母林山掃我母親之墓，這是有生之年必須做的事。

杏隆居 1986 年建成，地理位置一流，左有山水

環繞，右連鄉村大道，適合居住。現在可看出它的重要性，倘若沒有它，現在只能居住兩地，達不到"狡兔三窟"之精彩！

起死回生

2015 年，住在老家心臟出現問題。記得有一天走到地名叫阪頭的地方，走著走著，整個身體轟然倒地。但很快自己又清醒的爬起來，感到奇怪及愕然。好在路邊剛收割的稻草墊著，並沒受傷。這種情形發生了幾次，有時會在家裏發生，很恐懼，很莫名其妙。

03 年開始，二女婿已方便在智能手機訂機票了，從此，乘飛機就成了唯一來回兩地的交通工具，快捷方便又安全。

葛量洪復診時間又到了，我開車往廈門機場停放，然後由三女婿來取車開回塘邊。在機場櫃位出示我倆的兩證，取到機票及托運行李，並很嫻熟的通過海關及安檢，順利登機，到達香港。

在葛量洪醫院門診部，主任範醫生當值。我向她介紹了最近發生的事，她聽後非常重視，建議植入一個像起搏器一樣大小的"觀察站"在心臟附近，具體叫什麼名稱我不懂。小手術由範醫生做，並縮短復診的時間。

再次復診，範醫生用儀器認真仔細的解讀"觀察站"的數據，我隱約從電腦裏看到有一行很長很長，像做心電圖的電波曲線流過。不一會兒，範醫生顯得很興奮，大聲對我說："有了，有了，楊文中，你在什麼時侯心臟驟停 3 秒，又在什麼時間停了 7

移，停了好幾次，最長時間停了 11 秒。"我的天啊！原來如此，怪不得要經歷那幾次與死神痛苦搏鬥的經歷。

在心臟科，範醫生是出類拔萃的主任，有很高的造詣，她用科學知識又拯救了我的一次生命。倘若在落後的地區，我必死無疑。停頓的時間稍久，可能腦細胞得不到氧份供應就死翹翹了，神仙也救不活了！

範醫生很快安排做小手術。經我們同意，自費安裝較高級的起搏器，貴有貴的優越，核磁共振等掃描檢查都不礙事。不日，範醫生在 5/F 的手術室與另一個醫生拆掉"觀察站"，又在那裏植入永久起搏器。這個起搏器的功能是這樣的：當心臟正常跳動，它就躲在那裏休息，一旦心臟驟停，它就即刻工作，幫助心臟起搏。心臟恢復起搏，它又自動靠邊站了。起搏器由美國雅培公司供應，每逢星期五有專業人員到葛量洪醫院進駐，檢查有關病人起搏器的運作情況。很快妥，一般半年檢查一次起搏器。從此之後，再沒有發生以前的心臟驟停的情況，感謝範醫生！科技日新月異，活在當下，福氣延年。

旅遊視野

2016 年，二女一家四口子連我們兩老參團馬來西亞、新加坡五日遊，參觀了"雙子塔"直插雲宵建築壯舉，領略世界第一高度風采。

非常遺憾，第三天我身體本有的健康問題更加嚴重，吃不下飯，在當地醫院吃藥治療沒有什麼效果。二女放棄遊新家坡，毅然決定帶我即刻返回香港，好在尚有下午的機票，其他家人繼續新加坡旅遊。在飛機上，因為乘客不是很多，女兒跟空姐溝通後，調整座位整個人可以躺下。在香港入境後二女帶我乘的士直奔九龍法國醫院，她好友已在那裏接應，一切就醫手續安排得很順利，感謝她！

經過醫生一系列化驗檢查，主要是肝腎功能不好，引起胃口不佳厭食，我自己也感到症狀與之前的心臟衰竭期間很像。經過多方面治療，病情好轉，大約住院一個星期出院，花去了女兒十多萬元。

第一次進私家醫院，感觸良多。錢雖不是萬能，但特定時刻沒有它卻萬萬不能。後來在屯門洪橋看一個老中醫，回老家用他的藥方，吃了一個多月的中藥，感覺很有效果。

2017 年，我們和大女（三口之家已定居香港）二女自家人日本大阪五天遊，其樂融融。三個小朋友最中意的遊樂場、過山車、跳樓機、海盜船等等項目。我會先聲明自由行動，在某一個出口點匯合。

晚上住在一間靠近湖邊的溫泉酒店，泡溫泉浴很方便。導遊介紹：這個湖的周長有 200 公里，小小的日本，竟然有這樣大的湖。後來一想，是周長，就感到沒什麼大不了的。

最後一晚，與酒店特定的快遞送到酒店房間門口。拆開來看，斬件的碩大北海道帝王蟹展現眼前，用冰鎮住，保持新鮮，美味極了！由於烹調有致，感到不比前一次遊北海道吃過的差！

2018 年，第一次光臨南半球，二女帶我們去遊澳大利亞，這是一個被英國殖民統治多年的地方，現已獨立。物產資源豐富，特別是旅遊聖地很多。

植物公園像氧吧一樣存在，空氣新鮮。經常會碰到袋鼠及其它稀罕小動物出沒，煞是可愛。也乘船出海去一個叫大堡礁的地方看珊瑚及色彩斑斕的魚，參觀了悉尼歌劇院及悉尼大橋，但興趣不大。

　　讓我最感興趣的是遊"漁人碼頭"。地方很大，食肆林立，想吃什麼海鮮樣樣齊全，價錢牌掛在那裏，貨真價實。我在自助餐廳揀了幾樣喜歡的魚生品嚐，大快朵頤，人生何求也。

　　旅遊最後一天，去悉尼唐人街參觀。這條街有濃濃的中國文化氣息，很多華人聚集於此。牌坊的楹聯可體現中國古代文化，功力深厚。

　　回來不久，又去遊北京。這次不單是觀瞻天安門，更深入瞭解了故宮之大。在北京跟團遊了五天，感覺吃的方面不大適應。

　　住廈門時大女安排我們從廈門機場出發至武漢，參觀了黃鶴樓。再到宜昌乘游輪到達重慶，"接力"式的導游，服務周全。游覽托孤的白帝城，領會了名詩名句意境：兩岸猿聲啼不住，輕舟已過萬重山。

　　旅遊可開拓視野，增加見識，愉悅心情，這是一種追求，一種進步！

不忘初心

　　2018 年初，修建復古後坑杏芳三落祖厝啟動。我母親的知書識禮，培養薰陶出有大格局思想，傳承中華文化，光前裕後，養育之恩當湧泉相報的外孫女。有碑記為證：

重修後坑杏芳三落祖厝碑記

起厝公楊肇基（1824—1882），芝圃公之子，名承緒，號嗣子。恩授州同銜為捐晉省賑饑，誥授中憲大夫侯選軍民府，欽加都察院都事加三級。

其奉母命遠洋赴岷經商，黃金累萬，富甲通都。返鄉"捐厚資以修縣署、建學校、造路橋、修廟宇、助婚葬、賑饑荒"。鹹豐年間，興建杏芳建築群，築有三落祖厝、典金厝、典當厝、棋盤厝、書房厝及坊表。義建樟腳厝和棕腳厝贈予族親，仁義為懷，功德無量。

三落祖厝為杏芳之首，其屋脊高翹，雕樑畫棟，氣勢恢宏。占地面積 2000 平方米，建築面積 900 平方米，三十六開間。後落為兩層樓房，背靠珠山，曲水環繞，遠昭龜山，深藏龍窟，實乃風水寶地也。

祖厝已歷經 160 多年滄桑歲月，飽受風吹雨打，洪澇蟻蝕，岌岌可危。祖宗有靈，蔭德綿長。忠前叔外孫女幼時居三落厝，讀道南小學，承外祖母（忠前嬸葉淑莊）悉心呵護，慈恩疼愛，終生難忘。2018 戊戌年初欣聞長輩母舅楊文中等念祖孝心，感恩報德，保護古跡，傳承遺風。重新全面修繕，復舊百年祖厝，並擇吉日於農曆四月廿八日動工。

工程由惠安古建築師傅承接施工，專業人士監理指導。不辭辛勞，歷經年餘，於己亥年（2019 年）竣工。祖厝煥然一新，端莊肅穆，古色古香猶在。擇庚子年（2020 年）十月廿九日，洗樑謝土，晉主祭祖，萬事完滿，庇佑子孫昌盛。承蒙各方熱心人士鼎力支持，杏芳子孫皆慷慨解囊，熱心幫助，共修祖厝，同圓夙願。願肇基公精神世代傳承，源遠

不忘初心　修建祖厝

流長。

二零二零年庚子冬月後昆楊文中撰

這座閩南風格的古建築不但恢復了當年的風采面貌，而且發揮了它寬敞的作用，更重要的是傳承了古韻文化。

2021 年，我和展侄帶領眾親修復棋盤厝，這也是肇基公遺留下來的產業，力所能及之下是萬萬不能看著它倒下的。

典當厝是繼承肇基公（德字輩）財產（菲律賓）而發揚光大的名人楊仲清叔（帝字輩，稱呼肇基公祖父）及子嗣楊應琳叔（忠字輩，我的父輩）的故居。仲清叔創辦僑光中學，留下芳名。家世顯赫，才華橫溢的商業鉅子應琳叔在 80 年代末（86 至 88 年）出任菲律賓駐中華人民共和國大使。曾經省親杏芳三落祖厝，可惜當時杏芳柱無人才與其溝通，從此無下文。因其規格複雜（修復費 150 萬左右）。不久如沒能人理會，將倒塌成一片廢墟，實在是很諷刺，很是唏噓！

住酒店三個月等通關

新心之路越走越遠，香港與老家兩地往來便利。

這幾年在葛量洪醫院都轉由黃醫生復診，他很專業，有高尚的職業道德。當仔細查看了 X 光片，發現肺部右邊有問題。通過私家醫院（排期快）掃描化驗，得出的結果使人沮喪，確認肺癌一期。後來轉介瑪麗醫院，排期大概是 2020 年 2 月中旬做手術。

也在此時，新冠肺炎肆虐全球。農曆年過後沒幾天，香港政府宣佈封關，有段緩衝期給市民。機票顯得非常緊張，我倆是乘坐廈門至香港國泰航班最後一班夜機抵港。

香港已進入嚴格防控，從此之後，香港人多一個專題：戴口罩。醫院更加嚴厲，規定從內地來的人士要有 14 天的觀察期，我的手術被推遲，最後安排在 3 月份進行。

本來對這次手術很樂觀，認為小事一椿。但事與願違。手術過後的住院期間，感到非常不適應，吃不下飯，睡不着覺，神智不清，非常痛苦。曾經擅自拔掉輸尿管而讓醫生護士感到愕然，大概是身體太虛弱而產生神經錯亂的原因。這段時間過得非常艱難，親人不可探視，想送餐或食品之類也只能交給服務前臺，再由工作人員送給病人。大概捱了十天，我要求出院，再住下去死路一條，領會了度日如年的真諦。

出院後在荃灣的如心海景酒店高層住了一段時間。憑窗而望，可看海景，船隻來來往往，房間與青衣山頭對峙，有眾樓低的感覺，望遠處就是著名的青馬大橋。

在這裏走路鍛練，理想實用。享有"天橋之城"美譽的荃灣，既使是下雨天，也可以通過空中走廊或商場走到地鐵站的南豐中心。往右可達眾安街附近的千色店，往左可到愉景新城商場最北端。身體及情緒有所好轉，間中也會和朋友在"青葉"酒家打麻將，然後吃餐好的。

如心酒店地理位置非常優越，她小鳥依人般依偎在如心廣場。如心廣場是荃灣的地標建築，鶴立雞群，高度冠絕新界。酒店大堂設計得美侖美奐，富麗堂皇。周邊食肆林立，新潮舊式，樣樣齊備。只是疫情之下，餐廳遵照條例，管控比較嚴格，兩個女兒及家人如一起來聚餐，就必須分成兩枱，每枱只限四人。

酒店的附近就是楊屋道街市。這時節，正是荔枝登場的旺季，妃子笑、白臘、桂味、糯米糍等品種各有千秋。因為內地採摘後很快運到這裏批發，所以特別新鮮。我們會買回酒店品嚐，大飽口福。可以說，這是我有生吃荔枝最多的一年。

本來住酒店的初衷是時間過渡，一旦與內地無需隔離而正常通關，就會即時回福建老家調養，但至今（2022年12月）還不能通關。

通關無望，隔離回家

人們已對香港與內地的達成通關已失去了信心。明顯的，我是眾多盼望通關市民裏的其中一個受害者，在酒店枉住了91天。

2020年7月某一天，很無奈訂好飛廈門的機票。大女做足了兩地出入境新規的功課，或下載在我們的手機裏，或寫在紙上，一切準備充分。二女婿開車及二女送機，到達出機票的櫃位。果然，手續變得很繁瑣。好在我們比平時預早半個多小時到機場，填了表，疫情所需，無可厚非。

托運了行李，取了機票，其他程式不變。在入口處與他倆拜拜之後，過安檢，出示身份證過海關。穿過商場，憑機票追登機口。如還有時間，可在免稅店買酒或糖果餅幹帶回去。免稅店的酒，持別放心，如果你消費超過 2500 元，比如買一支軒尼詩 XO 再加上 VSOP 就可以送一只帶輪的小皮箱，把酒裝在裏面，方便你帶上飛機。在飛機上，有一個飛機餐，吃與不吃悉隨尊便，最重要的是每人有一瓶優質礦泉水供應。

到達廈門機場，這次大不一樣。工作人員先在飛機上登記姓名，然後分成一組一組的，再安排下機去一個大房間做核酸檢測。這個過程前所未有，感到新奇，我們得到工作人員誠懇的幫助及耐心教我們使用手機。檢測若結果是陰性的話，會在手機上得到一個八閩通的二維碼。這時你就可以用回鄉證入境，再拿架車仔到傳送帶裝好托運的行李，然後排隊過機，再一次裝好行李出海關。

這時，有一架巴士在外面等候。大件行李可裝在車底下的行李庫。上車人數夠了，巴士就會把我們送到機場附近的"分流"酒店，取出行李耐心等待，聽之發落。

這一次，從飛機到達算起，大概折騰了三個多小時，終於分配到隔離的酒店。再一次乘車到達會展中心附近的一間專用隔離的小酒店，名字都忘了。因為是集中分配，想住好點酒店的想法也就隨之落空。在前臺用微信支付交了押金，工作人員幫助我們把行李搬進電梯，住進 8 樓一個房間。

從此，我們被關在這裏十四天。房間放著兩張一米三左右寬度的床，床上用品新換的。有個小電視，牆上的空調伴著我們長期開啟。浴室裏有冷熱水供應，簡單實用。服務只止於打電話到前臺，需要浴巾時會送到房間門口給你。每天上下午各測一次體溫，工作人員戴著白色的防護面具敲響房門，你只要稍開門，從門縫就可以幫你探好體溫。第七天及第十三天必須作核酸檢測，由兩位"全副武裝"的白衣戰士進房咽拭子採集樣本，第二天會通知你陰性的結果。

三女定居廈門，這次就全靠她了。雖然酒店有一份"早餐龍"的免費早餐供應，但不適用，因為沒有吃慣的閩南白粥。因此，早中晚三餐都由三女安排叫餐送餐，我們只需告訴她想吃什麼就行。閩南風味的食品就通過快遞小哥送到前臺，再由前臺送到房間門口的小椅子上，敲門示意，我們就取回用餐。餐有時合胃口，有時不合胃口，將就罷了，畢竟是老年人，比較挑食。

除了用餐與上洗手間之外，絕大部分時間就是躺在床上度日，艱難程度可想而知。體會到自由是何等可貴！真是：抬頭對空調，低首看頭條，門縫測體溫，三餐外賣叫。

終於解放了，14天的禁閉式隔離到期了，格外高興。此時三女及三女婿林志平來接應並幫忙搬行李上專用麵包車。他們隨後買一些油米蔬菜之類的生活用品放在我停留在廈門很久的小銳後尾箱，並叫廈門朋友開着林志平的福特翼虎（城市越野車）會合，直上後坑埔品嘗"竹腳大腸羹"，很多人好這一口。

乘坐送我們回家的專用麵包車除了一個司機，一個工作人員，還有5個完成隔離回鄉的南安人，兩個在水頭鎮下車。然後經直送我倆到杏隆居，有村委會派人與之交接。剩下的那個女同志繞了一大圈才送到洪瀨住處，高速交通不發達所致。

　　此時三女他們已在杏隆居等候，幫忙搬完行李，就開車回廈了，因為措施有規定，不想違反。

　　在老家的 7 天居家隔離，很寬鬆，也是多餘的。你想想，已在廈門嚴格隔離才能回到故居生活，難道新冠病毒還能再度"惹事生非"不成？不科學，只有一個字，從"嚴"出發。

　　7 天之後，村委會這方面的負責人載我倆到泉州某大廈做核酸檢測，陰性。從此，隔離宣告結束，我們可以不戴口罩，無拘無束自由到處活動。在廈門 14 天隔離的苦難終於得到了回報！

　　轉眼就過了一個前所未有冷清的農曆辛醜年，只聽到鞭炮聲處處，卻不見人影憧憧的往年景象。新冠肆虐全球，境外的親人回不了，境內的人們也減少活動，造成社會不景氣。

本地旅遊

　　2021 年中秋，疫情之下，萬景蕭條，我在朋友圈感歎：中秋寂靜微傳情，安坐家中求安寧。兩地掛念隔離苦，何時通關還我行。得到朋友默認加點贊。

　　日子該過還得過，想換換口味就開車到廈門小住，有時貪方便，可以使用手機訂房及交費。疫情當下，酒店的價位明顯偏低，悅華酒店是我們光顧最長時間的酒店。規模較大，由幾幢別墅式的樓房組成，享受低密度空間。停車及出行都很方便，自助餐廳食品供應很豐富，消費物有所值。三女婿林志平經常陪我們去品嚐地道的廈門美食，有兩個雙胞胎姐弟的小朋友在場，格外熱鬧。城市廣場 SM 的陶陶居飲茶，點心很正，式樣獨特。有時去磐基中心 5/F 的鼎泰豐吃小籠包、蝦仁蛋炒飯、黃花魚、脆黃瓜等等。

廈門增添了一個好去處，也是景觀——仙岳山步行棧道。由鋼筋水泥及所需建材修建而成，坡度徐徐繞了三四個彎到達山頂的石板路，通往土地公廟。路兩邊，松柏與相思樹在頭頂交織遮擋驕陽，奇花異草，相互繚繞，鳥叫蟲鳴，生機勃勃，形成天然的氧吧。往左下看是思明區，筼筜湖的湖光襯托着都市街道的繁華。往右下看，底下的湖裏區盡收眼底，隱約看到海邊貨運碼頭的吊機在運轉，忙碌的裝運。

廈門，雖是小城，卻有三條飛龍般的空中大橋懸跨海面。配合著三條海底隧道（包括地鐵）及使廈門成為半島的廈門公鐵兩用的廈門大橋，像幾條大動脈默默的肩負着廈門交通的使命。廈門，好嘢！

去更近的泉州古城遊玩，重溫舊夢。中學時代從豐州經潘山走到西門 5 公里，印象深刻，但已面目全非。只有不遠處的泉州東西石塔依然故我，屹立不動。東西塔始建於唐朝及五代，塔高近 50 米。據說，當時的運石土坡一路堆到南門的土沙街（塗門街，塗土諧音），才能將巨石塊人工運到塔頂。勞動人民創造世界真是偉大及艱辛！開車上清源山遊覽，進口處門票偏貴。進山了，小銳優越的運動性能得到充分發揮，在山頂上走馬觀花式看了幾處景點，真的很一般。有幾處農家樂，人客稀少。

在泉州開車，全靠導航。我們住進鬧市寶洲路的萬達文華酒店，在泉州也算是比較好的。大堂金碧輝煌，有中餐廳及自助的西餐廳，都很不錯。美中不足的是在客房憑窗而望，比較單調，只有街景。在美食街璋侄請我們品嘗地道美食，好吃又實惠。在旅遊方面，泉州市與廈門市還是有差距的。

返回香港

　　2021年12月，二女幫我們申請回港易及訂機票。在廈門，三女帶我們去塘邊附近的兒童醫院做了核酸檢測，第二天在廈門機場憑紙樣檢測順利登機返港。在機場，用回港易名額安排再做核酸檢測，大約兩個小時有結果呈陰性就可放行，這些流程感到很合理。算起來也離開了香港一年五個月的時間。

　　居住之地兩房一廳重新裝修，由大女婿協助完成。全部傢俬重新定做，廚房及衛生間配套也隨之合理安排，棄舊換新。雖然居住面積不能與內地相提並論，但已足夠，兩老住在這裏，非常合適。

　　回想我倆在老家長住的這段時間，由二女去葛量洪醫院分期取藥寄回老家給我。但時間長了，黃醫生不放心，本着嚴謹的醫學態度，認為有必要病人親自回來復診。果不其然，第一次復診，黃醫生又從X光片發現了問題，肺部有陰影。我心中納悶：在瑪麗醫院做的手術還不到兩年，怎麼又有問題呢？黃醫生開了轉介信，去港怡私家醫院做掃描，然後再取活組織化驗。也做了一個腦部掃描，結果是在情理之中：由於心臟移植必須長期服用抗排斥藥，免疫力低下，引起肺部再度復發。這個抽取組織及化驗的費用比較貴，8萬左右，兩次掃描差不多2萬少點，加上看私家醫生，又花去了二女十萬有多。

　　實際上私家醫院與公立醫院本著生命至上的精神，電腦是互通的。當再次到葛量洪拿藥復診時，範主任已知悉我的病情，直接開一張轉介信去瑪麗醫院。事不宜遲，當天二女婿梁家駿和二女映暉即刻帶我去瑪麗醫院排期，經過醫生最後確定，在 4 月 19 日取到第三代抗藥，自費的，很貴。如果用第一代抗藥，醫院可免費供給，但效果會有差別。二女及二女婿不惜代價，選擇自費取第三代抗藥，孝心與愛心令人感動！

　　執筆時，剛好服用此抗藥一個月，自身感覺藥物的治療效果還是有的。本來要吃止痛片來舒緩關節的間接性不適，現在已不需要了，人也精神好多，希望病情能夠得到有效的控制。也不奢望活得很久，因為是不可能的。但願年底在正式與內地通關的情況下，農曆十二月初十能回老家做忌，紀念亡母，更希望在明年清明時節能親自上老母林山掃墓，祀拜先慈，於願足矣！

結束語

　　《重獲心生—中港車司機的換心日誌》即將結束了，如釋重負。

　　08 年，由記日記開始，"心血來潮"之際，便開始拓荒之旅的記事，記人。直至追憶整個人生歷程，有順利，有坎坷，有歡笑，有悲傷。雖然是一個很平常的人，但經歷也著實多了一點，這主要決定於社會背景和個人性格：差不多與新中國同齡，1958 年的大練鋼鐵，1962 年的困難時期，文化大革命及知青下農村接受再教育，大難不死的流動工生涯都如實參與度過。

　　移居香港後，憑着信念，最終實現了一名既是車主又是司機的理想，養家糊口更加容易，雖然微不足道，但我已心滿意足。能在這中港兩地運輸的洪流中見證歷史，親臨其境，把這些內容如實記錄下來，填補這方面的部分資料，這是新心傳記的第二個核心價值。第一個核心價值當然是記錄社會進步，醫學昌明及人性光輝。

2022 年 3 月